그대가 만일
낮고 작은 패랭이꽃이라면

- **숲에서 드린 기도**

추천의 글

# 거북이처럼, 그러나 멈추지 않고

이정훈
(성실교회 목사, 성실문화 발행인)

오래 전에 장 지오노가 지은 소설을 프레데릭 백이 애니메이션으로 만든 〈나무를 심은 사람〉을 보았습니다. 교회학교 어린이들을 위해 그 비디오 테이프를 구해서 부활절 즈음에 여러 해 동안 반복해서 보여주곤 했습니다. 죽은 땅이 버려진 산이 되살아나는, 거북이 같은 한 사람에 의해서 하나님의 창조세계가 회복되는 참 놀라운 작품입니다. 어린이들보다 제가 더 감동하고 벅찬 가슴에 눈시울이 뜨거워지던 경험을 지금도 기억합니다. 그리고 프레데릭 백이 이 작품을 만들려고 애쓰다 그만 한쪽 눈의 시력을 잃어버린 안타까운 사연으로 제 눈물은 더 뜨거웠을 것입니다.

제가 아는 사람 가운데서 '나무를 심은 사람'을 닮은 사람을 꼽으라면, 첫 손가락은 단연 이진형 목사님일 것입니다. 오랜 세월 동안 하나님의 창조세계 회복과 보전을 위해 애쓰는 사람 이진형 목사님은 어제도 오늘도 그리고 내일도 몽골과 네팔의 마른 땅에 나무를 심기 위해 동분서주하고 있습니다.

'예배'와 '전통문화'의 보물창고인 양 30년 동안 만들고 있는 계간 「성실문화」에 이진형 목사님이 '이진형의 초록빛 방주'라는 이름으로 오랫동안 글을 보내주셨습니다. 보물창고가 아니라 무슨 비밀창고처럼 아무도 몰라주는 작은 잡지이지만 그는 참 거북이처럼 꾸준히 글을 보내주셨습니다. 숲속에서 목회하면서 겪는 일상을 뭉클한 기도문과 함께 담담히 적어 내려간 글이었습니다. 저는 성실문화를 편집하면서 늘 이진형 목사님의 글을 읽으며 따듯한 위로를 받고 힘을 얻곤 했습니다. 지친 영혼을 적셔주는 옹달샘 같은 글이었거든요.

나무를 사랑하고 나무를 심는 사람답게, 그는 버려진 나무를 모아 깎고 다듬어서 가구도 만들고 심지어 판화까지 만들었습니다. 그러고 보니 이진형 목사님은 누구라도 부러워할 만한 목수이고 아름다운 작가이며 참 행복한 목사였습니다. 숲의 사시사철을 담아낸 그의 목판화와 사진들은 그야말로 민화와 수묵화의 맛을 고스란히 고아낸 작품이었으며, 그 아름다운 작품들은 자신의 글을 빛내는 것은 물론 퍽퍽한 성실문화를 더욱 기름지고 아름답게 만들어주곤 했습니다.

이 귀한 작품들을 책으로 묶어내니 참 반갑고 기쁩니다. 오랫동안 뻘에 묻혀있던 수많은 진주를 꿰어 보배로 만들어내는 기분입니다. 이 보배로운 책을 부디 많은 사람들이 읽기를 바랍니다. 소설과 애니메이션으로 지은 〈나무를 심은 사람〉이

많은 사람에게 감동을 주어서 나무를 사랑하고 심게 만들었듯이, 이진형 목사님의 이 책이 한국교회에 그런 맑은 샘이 될 것입니다. 몽골과 네팔의 마른 땅에 나무를 심는 '은총의 숲'처럼, 마른 뼈 같은 한국교회의 가슴을 다시 설레게 할 생기가 될 것입니다.

글쓴이의 이야기

## 잎새마다 고백이 묻어

이진형
(목사, 한국교회환경연구소 은총의 숲 센터)

이 책은 나의 숲길을 걸었던 추억과 장소의 기억을 담아낸 이야기입니다.

그때 나는 맑은 날, 흐린 날, 비 내리는 날, 눈보라 치는 날 그리고 달과 별이 빛나는 날, 숲길을 걷고 또 걸었습니다. 한 15년 동안을 그렇게 지냈습니다. 지나온 이야기를 책으로 만드는 일에 무척 주저하고 망설여야 했습니다. 지금도 역시 조심스럽고 부담스럽습니다. 이 책을 내는 것이 나에게, 사람들에게 그리고 이제 겨울을 지나 봄을 맞는 숲에게 어떤 이야기가 될까 여전히 초조합니다. 그럼에도 이렇게 이야기를 활자로 붙잡아 책을 만들게 된 것은 이 이야기가 나만의, 사람들만의 이야기는 아니란 생각에서 입니다. 기실 이 책은 패랭이꽃, 개불알꽃, 꽃다지, 수선화, 제비꽃, 달맞이꽃, 개망초, 메꽃, 며느리밑씻개, 코스모스, 벌개미취와 칡넝쿨, 수수꽃다리, 모과나무, 감나무, 느티나무, 쥐똥나무, 상수리나무, 신갈나무, 목련, 무궁화나무, 무주나무, 구상나무, 가문비나무 그리고 잎벌 애벌레, 부전나비, 딱새, 흰뺨검둥오리, 수리부엉이, 두더쥐, 고라니, 산양, 송아지의 이야기입니다. 나와 사람들이 가끔가다 등장하는.

이 책에 실린 기도문은 '숲속에 있는 작은 교회'의 주일 예배에 사용한 공동 기도문이었습니다. 예배의 첫 시간에, 인도자와 회중이 한 줄씩 번갈아 기도문을 읽으며, 숲에 계신 하나님과의 '만남의 기도'를 드렸습니다. 첫 출발은 찬송가에 실린 교독문을 여러 해 반복하다 보니 교독문의 시편이 하루하루가 다른 숲의 시간을 적절히 반영하지 못하는 것에 대한 아쉬움에서였습니다. 그리고 지금 여기에 어울리는 기도문을 만들어보겠다는 깜냥 모르는 생각에 버거운 일을 시작하고 말았습니다. 기도문은 나를 통해 만들어진 모두의 이야기이지 싶습니다. 그래서 기도문은 제가 옮겨 적었어도 저의 글이라고 할 수는 없을 겁니다.

이 책에 실린 글들은 제가 써서 「성실문화」에 실었던 글들을 다시 다듬은 글입니다. 한국적 예배를 위한, 그리고 하나님, 교회, 이웃 사이의 대화를 위한 계간지인 성실문화에 글을 실을 수 있었던 것은 그야말로 나에게는 언감생심이었는데, 전적으로 이정훈 목사님의 따뜻한 마음과 배려 때문이었습니다. 그런데도 연재 내내 여러 번 성실문화의 발행을 늦추고 급기야 글을 빼먹는 악성 연재자였습니다. 죄송한 마음이 한가득인데, 과분한 추천의 글까지 적어주셨습니다. 감사할 뿐입니다. 진지한 이야기들이 외면받는 시대이지만 더 많은 사람이 한국교회의 깊은 우물인 성실문화를, 이정훈 목사님의 노고를 기억하게 되면 좋겠습니다.

이 글의 내용을 만드는 데 도움을 주신 분은 직접 만나 이야기를 나누어보지는 못했지만, 세계를 하나님의 몸으로 바라보자 하신 생태신학자 샐리 맥페이그(Sallie Mcfague) 선생님입니다. 그의 책을 밑줄 그어가며 읽으면서 그와 이야기를 나누는 것을 상상했습니다(아마 그가 실제 나의 선생님이셨다면 이렇게 아둔한 학생이 존재한다는 것에 깊은 한숨을 쉬셨을 테니, 상상의 선생님이라서 참 다행입니다). 그래서 맥페이그 선생님이 돌아가시고 나서는 더 이상 글을 쓰는 것이 재미가 없어졌습니다. 그즈음에 목회를 내려놓게 되어 다시 그 숲길을 걷지 못하게 되었기도 했었고.

책에서도 이야기했지만 목공방의 목수로 지내면서 사용한 나무와 숲에 대한 빚을 갚아야 한다는 마음이 있습니다. 마음은 그런데 또 다른 방식으로 나무에게 빚을 지게 되었습니다. 그래도 종이가 된 나무에게 부끄럽지 않은 책을 만들어내는 엘까미노 홍인식 대표님과 정리연 편집자님을 만나게 되어 참 다행스러운 일입니다. 몇 해 전부터 엘까미노에서 기독교환경운동연대를 위해 좋은 책을 만들어주고 계십니다. 그동안 그렇게 만든 책이 출판사 운영에는 도움이 되지 않았을 텐데, 온 세계가 차분한 독서를 방해하는 험난한 시기에 또 하나 출판사의 걱정거리를 늘리게 되었습니다.

벌써 10여 년 동안 함께 온갖 주제의 책을 읽고 이야기를 나누고 있는 '사마리아 우물가' 도반들이 책을 읽고 소감을 써주셨습니다. 그들은 혼자 숲길을 걷던 나를 기억하고 함께 숲길을 걸어준 소중한 사람들입니다. 아마도 그간의 우리 모임의 분위기에 의하면 내가 엉뚱한 길에서 가라사니 짓을 한다면 호된 비난도 마다하지 않을 이들인데, 소감에서 모진 소리를 안 한 걸 보면 그럭저럭 잘 지내고 있는가 봅니다. 이들의 생각과 마음을 책에 싣게 되어서 참 기쁩니다.

그리고 폭싹 속아서 함께 숲길을 걸어온 동반자이자 동역자인 아내에게도, 은총의 숲의 후원자이신 두 분의 어머니께도, 잠 많은 두 아들한테도, 고운 달빛처럼 고마운 마음을 나눕니다.

차례

추천의 글_ 거북이처럼, 그러나 멈추지 않고 · 3
글쓴이의 이야기_ 잎새마다 고백이 묻어 · 6
겨울 숲 · 14
은총의 시간 · 16
사랑 때문에 · 20
발자국마다 · 22
노란 개나리 · 26
감사합니다 · 30
그대가 만일 · 34
사랑은 · 36
그리움 · 40
그대 때문에 · 44
숨바꼭질 · 48
기다림 1 · 52
기다림 3 · 56
당신의 이야기 · 60
나무처럼 · 64

첫 마음 · 68

깊은 만남 · 70

이른 봄 · 74

이제, 봄 · 78

봄 길에서 · 82

어긋난 시간 · 86

고운 노을 · 90

수줍은 하나님 · 94

느티나무 그늘에서 · 98

소중한 것 · 102

가을빛으로 물든 · 106

깊은 가을 · 110

맺음의 시간 · 114

잊지 않기를 · 118

봄의 향기를 찾아 · 122

어떻게 하나님을 · 126

가만히 계시는 · 130

시련의 상처 · 134

달맞이꽃 · 138

어쩔 수 없는 · 142

그리운 숲 · 146

그냥 좋아서 · 150

또 다시 · 154

기다림 2 · 158

당신이 계신 곳 · 162

시편 23편 · 166

조금은 아쉬워서 · 170

짙푸른 칡꽃 · 174

나는 나 · 178

하나님의 마음 돌리기 · 182

수리부엉이 · 186

실망 가운데 · 190

숲의 수난 · 194

귀속감 · 198

문득 봄에 · 202

선한 일 · 206

부활 · 210

지쳐버린 어머니 · 214

고요히 평화 · 218

미안해 꿀벌 · 222

참 좋구나 · 226

전환 · 230

## 겨울 숲

텅 빈 나뭇가지 사이로 햇볕은 넉넉히 머물렀어도
당신의 빈 자리에는 차가운 고요함만이 가득합니다.
눈치 없는 까치들 모여 어수선한 인사를 건네지만
당신은 여전히 들리지 않는 저 멀리에 있습니다.
다가선다는 것은 참으로 떨리고 또 설레는 일이기에
녹아내린 눈길에 남은 당신의 발자국을 더듬어봅니다.
살며시 손을 뻗으면 닿을 수 있는 그 마음을 품기까지
당신의 환한 미소와 따스한 손길을 새겨봅니다.
아멘.

겨울입니다.

겨울 숲은 환하게 비어있는, 아련함이 가득한 공간입니다. 곱게 내리는 눈송이에조차 무심한, 여름의 수고를 고스란히 땅으로 돌려둔 채 고요함에 잠겨있는 겨울 숲의 나무들. 상수리나무, 신갈나무, 은사시나무, 단풍나무, 물박달나무, 누가 가져다 심었는지 뜬금없이 은행나무도. 이 나무들이 겨울 숲의 거룩함을 지키고 있습니다. 불쑥 다가가 말을 걸기가 미안합니다. 하지만 이 겨울 숲에서 깊은 속에 켜켜이 쌓여있는 이야기들을 들어줄 이는 오직 나무들뿐입니다.

왜 이렇게 외로울까, 왜 이리도 쓸쓸할까, 왜 이만큼 아플까. 봄부터 가을까지 그 자리 늘 그렇게 높은 별이 뜰 때까지 긴 이야기를 나누었는데, 오늘도 풀어놓고 싶은 이야기가 산더미인데, 겨울 숲에서는 나무들의 눈치가 보입니다. 겨울 숲에서 만나는 나무들은 참 거룩하기 때문입니다.

불쑥 까치들이 끼어듭니다. 뭔데, 뭔데, 왜 그러는데. 좋다가도 툭하면 자기 성질을 뿜어내는 이들에게 무슨 속 깊은 이야기를 나누겠습니까. 말해봐야 시간만 아까울 부산스러운 까치들 대신 애꿎은 먼 하늘 큰기러기들한테 좀 조용히 하라고 핀잔을 줍니다. 동네 개들도 얼씨구나 맞장구를 칩니다. 그럼, 남의 동네 쉬러 왔으면 조용히 있다 갈 것이지 왜 떼로 몰려다니면서 꽥꽥거리는데, 제대로 텃세입니다.

오늘 숲 길의 이야기는 틀린 것 같습니다. 이미 짧은 숲길은 끝나버렸고, 다시 돌아갈 만큼 깊이 삭이지도 못한 이야기에서 혼자 얼굴이 붉게 물들었습니다.

## 은총의 시간

구름 없이 텅 빈 하늘, 높이 뜬 보름 환한 달빛으로
이제 고단한 철새들은 밤에도 길을 잃지 않습니다.
얼었다 녹으며 겨우내 변덕에 시달렸던 얕은 호수는
이제 고작해야 한두 번이라며 찰랑대는 여유를 찾았습니다.
아직 숲길 어디를 둘러보아도 바람 소리만 요란하지만
어디선가 불쑥 산수유 꽃망울을 만날 것만 같습니다.
땅이 깊은 잠에서 깨어 천천히 기지개를 켜려고 합니다.
하늘이 새로운 은총의 시간을 가만히 펼쳐주려 합니다.
아멘.

잠시 숲속 동산에 머물게 되었습니다.

도시의 경계 그린벨트, 멀찌감치에 저수지가 내려다보이는, 산이라고 하기엔 좀 민망하지만 그럼에도 야트막한 산자락이었습니다. 어쩌다 보니 홀린 듯 그곳으로 흘러들었고, 십수 년이나 머물게 되었습니다. 산자락이다 보니 아무래도 나무와 새, 풀과 동물들을 쉽게 만날 수 있었습니다. 그 동산은 찾아온 사람들에게는 잠시 머물다 떠나는 곳이지만, 오래전부터 그 공간에서 살아가던 생명들에게는 소중한 보금자리, 사실 사람들은 불청객이었겠지요.

미안한 마음에 주말에 자연학교를 진행했습니다. 아이들에게 숲속에 어떤 생명들이 살아가고 있는지, 우리가 그 생명들을 만날 때 어떻게 하는 것이 좋을지, 아이들과 함께 어울려 놀면서 숲의 생명들과 이야기를 나누었습니다. 자연학교가 씨앗이 되어 뚝딱뚝딱 작은 목공방도 하나 만들었고, 겁도 없이 카페까지 열었었습니다.

고향 같았습니다. 꽁꽁 언 호수 위에서 발을 동동거리며 흰뺨검둥오리들과 함께 인사를 나누고, 현관 볕 고운 자리 꽃따지, 개불알꽃이 피면 함께 흐뭇해하며, 진달래 참꽃이 피면 화전도 함께 만들어 먹었습니다. 모진 비바람에 느티나무 가지가 부러져 떨어지면 함께 아파하고, 텃밭에서 구멍이 숭숭 뚫린 억센 배추들을 거두면서 함께 감사했었습니다. 숲이란 공간이 이처럼 고요히 외롭다가도, 더할 수 없는 따스함으로 모두를 토닥이기도 하고, 슬픔을 주체하지 못하고 온몸을 흔들며 운다는 것을 비로소 깨닫게 되었습니다.

숲을 알아가는 만큼 나를 알게 되고, 숲을 이해하는 만큼 우리를 이해하고, 숲을 만나는 만큼 하나님을 만나게 되었습니다. 참 귀한 자리로 인도함을 받았었고, 오로지 은총 가운데 머물러 지냈습니다.

## 사랑 때문에

찔레꽃 환하던 길이 꽁꽁 얼어붙었어도 태연했던 것은 머잖아 봄볕의 어루만짐이 있을 것을 믿었기 때문입니다.
작별 인사를 하던 새들에게 애써 등을 돌리고 있었던 것은 다가올 겨울의 만남이 낯 뜨겁지 않기를 바랫기 때문입니다.
짙은 안개비에 젖어버린 벚나무 꽃망울을 바라만 본 것도 진정 고백건대, 우리도 연분홍빛 꿈을 간직했기 때문입니다.
하지만 당신과의 만남으로 초라해진 우리를 마주합니다.
멈추지 않는, 물러서지 못하는 당신의 사랑 때문입니다.
아멘.

벌써 입춘입니다.

하는 일 없이 마음이 바빠집니다. 수선화 새잎이 벌써부터 돋지는 않겠지. 생강나무 꽃망울은 언제나 보이려나. 북망화 목련꽃은 아직 한참 멀었겠지. 마음만 분주하지 뒷마당 항아리에 꽁꽁 얼어붙은 얼음은 아직 녹을 생각이 없습니다. 지난 가을 동산에서 주워 모은 씨앗들을 챙기다가 슬쩍 마당을 둘러봅니다. 얼었다 녹았다를 되풀이하면서 봉긋 솟아오른 텃밭 흙도 지그시 밟아봅니다. 저 아래 아직 곤히 잠들어 꿈을 꾸고 있을 지렁이와 땅강아지, 두더지들을 공연히 깜짝 놀라게 합니다. 올해는 앵두나무에 거름을 좀 넣어볼까. 작년에 돼지감자는 꽤 실하게 거두었는데. 아이들 때문에 고구마를 조금 더 심어야겠어.

하늘의 뜻이 땅에서도 이루어지기까지, 풍성한 생명이 평화롭게 어울리도록 그분이 그렇게 당당히 걸어가셨다는 그 길을 따라가 보겠다는 마음만은 이미 봄입니다. 하지만 꽃샘추위 매서운 바람에 먼저 몸이 한껏 움츠러들고, 덩달아 마음도 새벽 나팔꽃처럼 꽁꽁 여미게 됩니다. 검은등뻐꾸기 이제 됐다고 다 끝났다고 노래를 부를 때까지, 찔레꽃 환한 달빛에 고개를 들어 올릴 때까지, 진짜 봄으로 가는 길은 아직 멀고도 멉니다.

조바심 내려놓고 그저 기다림에 시간을 맡겨야 할 때입니다. 아직도 어설픈 내 모습에 부끄럽고 민망해 하는데, 그러거나 말거나 동산의 시간은 스르륵 봄으로 흘러가고 있습니다.

# 발자국마다

당신이 걸어가신 발자국마다 파란 새싹이 돋습니다.

하나님, 당신은 지금 어디에 계시나요?

당신이 바라보신 나뭇가지에는 노란 꽃망울이 움틉니다.

하나님, 당신은 어디를 향하여 가셨나요?

당신이 어루만진 우리의 상처에는 붉은 새살이 돋습니다.

하나님, 당신은 이제 우리를 잊으신 건가요?

오늘도 당신이 그리워 이 길을 혼자 걷습니다.

하나님, 이제 오셔서 우리와 같이 있어 주세요.

아멘.

올겨울은 참 야무지게 추웠습니다.

나름 한파에 대비를 한다고 애를 썼지만, 엄동설한에 보일러가 멈춰서는 것으로 시작해서 지하수 계량기, 물탱크 센서, 우물 펌프가 돌아가며 말썽을 일으키더니, 급기야 3월 꽃샘추위에 난방 배관이 얼어 터졌습니다.

동네에서 한참 외떨어진 곳에 동산이 있다 보니 한참 바쁜 때에 설비 아저씨를 부르는 것도 눈치가 보입니다. 그렇다고 아래층으로 물이 줄줄 새고 있는 모습을 그냥 바라만 보고 있을 수도 없어 팔을 걷어붙이고 터진 배관을 찾아봅니다. 망치로 배관이 이어진 바닥 시멘트를 툭툭 깨어보니 천만다행히도 금방 터진 곳을 발견합니다. 이리저리 어찌어찌해서 배관을 다시 이어보니 당장은 수습이 된 것 같습니다. 아이쿠, 하나님, 감사합니다. 현관에 걸터앉아 따뜻한 커피를 마시면서 이러다가 목공방에 이어서 배관설비 가게도 여는 거 아니냐고 실없는 생각을 하는데, 아차, 화단 한쪽에 수선화가 한 뼘이나 돋아났습니다. 얘가 언제 이렇게 자랐지?

혹시나 싶어 쥐똥나무로 가려진 동산 아래 숲을 내려다보니 산수유꽃도 노랗게 피어있습니다. 올해는 곱게 피어있는 산수유꽃을 멀찍이 떨어져서 바라봅니다. 실은 민망함과 미안함으로 가까이 다가서지 못하는 겁니다. 작년까지 한참 동안 이 산수유나무를 생강나무로 알고 있었거든요. 그동안 봄마다 산수유꽃을 보며 생강 향이 그윽하네 그래왔으니, 산수유나무에게 너무 부끄럽습니다. 아니면 아니라고 이야길 좀 해주지. 산수유나무는 예전부터 산수유나무로 그저 그 자리에 있었을 뿐인데 저 혼자 오해하고, 좋아하고, 화내고, 샐쭉하다가 도리어 타박이네요. 그러거나 말거나 참 무던한 산수유나무는 보란 듯이 올망졸망한 꽃을 수북이 피웁니다.

　산수유꽃이 피었으니, 이제 곧 봄꽃들을 만날 수 있겠네요. 아니나 다를까 며칠 새 마당 빈자리마다 파릇파릇한 것들이 저 여기 있어요 손을 뻗은 듯 돋아나고 있습니다. 하늘은 뭐가 이리 심란하신지 눈보라에 이어 별안간 여름 같은 더위로 오락가락입니다. 정신없이 개나리는 노란 꽃들을 토도독 터뜨렸고, 목련은 단단히 여며두었던 털옷을 다 벗지도 못하고 하얀 속살 꽃망울을 드러냈습니다.

　정신없이 다가와 잠시 머물고 마는 봄, 그분이 걸어가신 길처럼 뜨거움과 아쉬움이 한꺼번에 몰려왔습니다. 별 수 없이 저미는 상처와 마르지 않는 눈물을 저 깊은 자리에 그냥 묻어두어야겠습니다.

# 노란 개나리

지난밤 봄비에 먹먹한 마음 감추지 못해 눈물 흘렸지만
노란 민들레는 꿋꿋하게 피어나 흙먼지를 털어냅니다.
이른 새벽 변덕스러운 봄바람에 벚꽃 모두 흩날렸어도
가지 끝마다 여전히 당신의 푸른 미소가 남아 있습니다.
여전히 먹구름은 낮고 야속한 눈물에 옷깃을 여몄지만
뒷마당 노란 개나리 활짝 피어나 어깨를 토닥입니다.
검은등뻐꾸기 힘내라 힘껏 노래를 부르는 흐린 아침에
당신의 잔잔한 위로가 고마워 두 손을 꼭 모읍니다.
아멘.

## 세월호 가족들과 함께 목공을 하게 되었습니다.

안산 세월호 분향소 앞에 텅 빈 컨테이너 박스 두 개가 있을 때, 선배 목사님 두 분이 공방이 다 갖춰지기 전까지 일단 무엇이든 세월호 어머님, 아버님들과 목공을 해보자 하셨습니다. 우선 무엇을 만들지 이야기를 나누었습니다. 가장 간단한 것부터. 우선 연필꽂이, 다음엔 스툴. 종이에 도면을 그려 설계부터 하고, 설계대로 나무를 재단하고, 설계한 순서대로 조립을 하고, 거친 부분 샌딩을 한 뒤에, 색을 입혀 마감을 했습니다.

처음이라고 하셨습니다. 세월호 가족들이 모여서 무엇인가를 계획대로 해본 것이. 지금도 몸서리치는 참담한 기억, 세월호 가족들이 청와대 근처 청운동 동사무소 앞 경찰 바리케이트에 갇혀 한 걸음도 앞으로 나가지 못하던 참혹한 때였습니다. 아무것도 알 수 없었고, 아무것도 할 수 없었던 때. 어두움이 모두를 지배하던 때였습니다.

그렇게 맞은 세월호 참사 1주기. 세월호 분향소가 있던 안산 경기도미술관 주차장에는 벚꽃이 피었습니다. 흐드러지게 핀 벚꽃에 분향소가 분홍 구름에 떠 있는 것 같았습니다. 아무런 말을 할 수 없었습니다. 흐르는 눈물을 닦아 줄 수도 없었습니다. 벚나무처럼 그저 옆에 서 있을 수밖에 없었습니다.

노란 옷을 입으신 세월호 어머니 아버지들은 만드는 것마다 노란색을 입히셨습니다. 노란 연필꽂이, 노란 의자, 노란 책상, 노란 책장, 노란 서랍장. '416 희망 목공방' 현판 글씨에도 노란색을 칠하셨습니다. 세월호 가족들과 예배를 드리는 주일에 치자물을 들인 노란 김밥을 정성껏 만들었습니다. 이제 세월호를 기억하는 사람들에게 노란색은 부활의 색이 된 것 같습니다.
예수님께서도 노란 옷을 입고 무덤 문을 여셨을 것 같습니다.
개나리꽃처럼 아주 환한 샛노란 옷을.

# 감사합니다

하나님, 비를 내려주셔서 감사합니다.

이제 다시는 하늘을 바라보며 원망하지 않겠습니다.

하나님, 바람을 불어주셔서 감사합니다.

이제 다시는 당신을 향한 마음을 닫지 않겠습니다.

하나님, 구름을 띄워주셔서 감사합니다.

이제 다시는 혼자라고 외로워하지 않겠습니다.

하나님, 지금 여기에 있게 하심을 감사드립니다.

이제 당신과 함께 영원한 시간을 살겠습니다.

아멘.

마을에서 논 두 마지기를 빌려 논농사를 지었습니다.

쌀을 거두면 밥도 지어 먹고, 떡도 쪄먹고, 남으면 팔아서 돈도 벌어야지. 나중에 쌀을 팔려면 브랜드도 있어야겠다 싶어서 논에 이름도 지어 붙였습니다. '온새미로'. 자연 그대로라는 뜻이었지요.

그런데 이장님께 소개받고 빌린 땅은 알고 보니 마을에서 거의 유일한 천수답이었습니다. 비가 안 오면 모내기고 뭐고 아무것도 할 수 없는 길쭉한 다랭이 논. 우물이 아주 없는 것은 아니었습니다. 바로 윗 논에는 지하수를 끌어올리는 펌프가 연결되어 있었는데, 물 인심이야 물이 넉넉할 때나 이야기지 가문 날에는 싸움 나기 딱 좋은 이야기일 뿐입니다. 그런데 하필이면 천수답에 가뭄입니다.

모내기를 주일에 하기로 하고, 농협에서 모판도 들여놓고, 사람들에게 모내기하러 오라고 광고도 했습니다. 농기계가 없어 사람 손으로 모내기를 해야 했으니까요. 그런데 금요일까지 쩍쩍 바닥이 갈라져 있는 논. 어디 반석이라도 있어야 모세처럼 지팡이로 내려치기라도 하지. 밤에 몰래 가서 물이 찰랑거리는 윗 논 논두렁을 터버릴까도 싶었지만 너무 뻔한 불완전 범죄이지 싶었습니다.

이럴 때는 제일 만만한 하늘을 탓하게 됩니다. 너무 하신 것 아닙니까 따지는 것으로부터 시작해서, 제발 한 번만 봐주십시오 통사정도 하고, 급기야는 이런 식이면 저도 그만 둘입니다 협박까지 더해서 모내기 전까지 비가 내리게 해달라고 기도를

숲에서 드린 기도    31

했습니다. 보통 이런 기도는 하늘에 닿기도 전에 지붕에서 걸러지기 마련인데, 논두렁에서 기도를 한 탓인지 토요일 저녁에 비가 내렸습니다. 그것도 아주 넉넉하게 내렸습니다. 논 두 마지기에 물이 찰랑찰랑하게.

물론 그해 논농사는 엉망진창이었습니다. 간신히 모내기를 마치고 무농약 재배를 한답시고 우렁이를 집어넣었는데, 계속된 가뭄에 우렁이들은 윗 논으로 다 도망을 가버렸고, 논은 풀투성이가 되어서 가을엔 콤바인도 안 들어온다 난리도 아니었습니다. 결국 손으로 벼를 다 베어서 발로 돌리는 수동 탈곡기를 빌려다가 탈곡을 했습니다.

함께 농사를 지은 쌀로 밥을 지어 모락모락 김이 나는 밥숟가락을 입에 넣던 그 순간의 기쁨, 고마움 그리고 그 달디단 밥맛이란. 그래도 딱 한해로 족했습니다.

## 그대가 만일

그대가 만일 숨은 들판 낮고 작은 패랭이꽃이라면
그대가 외로울 때 부전나비가 살며시 찾아와줄 겁니다.
그대가 만일 손마디 하나 만한 여린 잎벌 애벌레라면
그대가 두려울 때 벌개미취가 숨을 자리를 마련해줄 겁니다.
그대가 만일 종종거리는 날갯짓으로 숨이 찬 딱새라면
그대가 지쳤을 때 수수꽃다리는 언제든 찾아오라 할 겁니다.
지금 여기는 하늘의 축복을 받아 생명으로 충만한 땅.
그대의 곁에는 항상 미소를 머금은 친구가 있습니다.
아멘.

6월 첫째 주일은 환경주일입니다.

6월 5일 세계 환경의 날 전후로 '창조세계의 온전함'(Integrity of Creation)으로 부름을 받은 것을 기억하는 예배를 드리자는 취지로 한국교회가 정한 주일입니다. 저는 환경이란 말을 썩 좋아하지 않습니다. 그래서 환경운동이란 말 대신 '생태정의운동'이라는 말을 사용하곤 합니다. 모든 생명이 저마다의 생명의 모습 그대로 살아가게 하는 것, 적어도 어느 한 생명이 다른 생명을 지배하거나 억압하지 않는 상호의존의 관계를 회복하도록 하는 것이 생태정의운동 입니다. 그러자면 가장 먼저 다른 생명들이 어떻게 살아가는지를 세심히 살피고 알아야 합니다. 풀과 벌레가 어떻게 서로를 용납하는지, 꽃과 나비가 어떻게 서로를 돕는지, 새와 나무가 어떻게 서로를 어루만지는지를 살피고 아는 것이 중요합니다.

예수님이 이 땅에 오셨을 때 하셨던 일은 제자들과 같이 먹고, 같이 어울려 다니고, 같이 이야기를 나누며 지낸 것이었습니다. 가끔 혼자 조용한 곳에서 기도를 하긴 하셨지만, 거의 모든 시간은 제자들과 같이였습니다. 같이 지내면서 제자들에게 자신을 다 보여주셨지요. 결국은 십자가에서 벌거벗은 몸까지도. 신앙이란 것도 결국 선생 예수님을 살펴서 아는 것이란 이야기입니다.

한때 교회 개혁에 앞장섰던 루터는 "자연은 가장 아름다운 성서다"라고 말했다 합니다. 6월 첫째 주일, 환경주일 만큼은 하나님의 창조세계를 살피고 아는 시간을 가졌으면 좋겠습니다. 마침 산과 들과 강과 바다를 살펴보러 나가기에 딱 좋은 시기이기도 합니다.

## 사랑은

수줍은 고마리는 아침 해를 바라보다 분홍빛 꽃이 되었고
붉나무 잎들은 저무는 해를 닮아 붉게 물들었습니다.
여린 메꽃 덩굴은 하늘을 그리워하며 푸른 꽃으로 피었고
며느리밑씻개는 하늘보다 진한 푸른 열매를 맺었습니다.
지난여름 달빛 아래 달맞이꽃이 말없이 그랬던 것처럼
지금은 고들빼기도 환한 달빛을 닮은 꽃을 만들었습니다.
사랑은 서로의 다름을 바라보며 받아들이는 일입니다.
그리고 조금씩 다름을 닮아 다른 존재가 되는 일입니다.
아멘.

허겁지겁 소나기가 두어 번 지나갔을 뿐

여름 내내 비다운 비가 내리지 않았습니다.

예년 같으면 베고 돌아서면 무성히 자랐을 마당의 풀들도 가문 여름에 지쳐버렸는지 올핸 예초기를 몇 번 돌리지도 않았습니다. 모과나무 그늘 푸른 닭의장풀은 그저 조용하고, 코스모스도 꽃을 피울 엄두를 못 내는데, 화단 맨드라미만 납작 엎드려 작은 꽃을 피웠을 뿐입니다. 텃밭 오이와 가지는 잔뜩 허리가 굽었고, 들깨는 자라는 둥 마는 둥, 고구마도 잎이 시들시들한데, 방울토마토만 달콤함을 진득하게 채웠습니다.

이런 여름도 있는 거겠지 하면서도 두려운 마음을 감출 수가 없습니다. 올해와 같은 무덥고, 길고, 메마른 여름이 우리의 일상이 될 것만 같은 불길함 때문입니다. 흔히 기후변화라 이야기하지만 수도꼭지만 틀면 물이 콸콸 쏟아지고, 에어컨 버튼만 누르면 찬바람이 불어오는 우리네 삶은 기껏해야 전기요금이 폭탄이 되어 얇은 지갑을 터뜨리지는 않을까 걱정일 뿐입니다. 하지만 땅에 뿌리를 내리고 살아가는 풀과 나무들은 결국 처참하게 질 수밖에 없는 싸움에 내몰린 셈입니다. 해마다 새로운 땅을 찾아 뿌리를 내리는 풀들은 조금 더 선택의 여지가 있을 테지만, 나무들은 이미 십수 년 전 그 자리에 마음먹고 자리를 잡은 터라 막막하기기 그지없을 테지요.

이 정신없는 여름을 보내며 하늘을 바라봅니다. 당신의 분노가 버럭 쏟아져 내리지는 않을까 두려운 마음으로 올려다본 하늘에는 아침의 고운 햇살이, 뭉게구름 피어오르는 한낮 푸른 하늘이, 수줍음으로 물들어버린 저녁 노을이, 지친 별들을 잠

재운 환한 달빛이 있을 뿐입니다.

풀과 나무는 이미 오래전부터 이렇게 하늘만을 바라보고 있었구나 깨닫게 됩니다. 풀과 나무는 두려움 없이 사뭇 온 힘을 다해 하늘을 바라봅니다. 온 정성을 다해 하늘에 닿으려고 애를 씁니다. 풀과 나무는 결국 하늘을 닮아 땅 위에서 피어난 하늘입니다. 하늘을 우러르기도 전에 땅의 풀과 나무에게 들켜버려 부끄러움에 얼굴이 달아오릅니다.

지금 그대도 그분만을 하염없이 바라고 계신가요? 행여 그분을 닮기 위해 몸부림치다 상처투성이로 절룩거리게 되셨나요? 분명 당신에게는 오랜 메마름에 더욱 깊고 짙어진 숲의 향기가 가득할 테지요. 그대가 그렇게 있어 주어서 참 고맙습니다.

# 그리움

아침 하늘에 아직도 저물지 못한 달이 떠 있는 것처럼
문득 당신을 향한 아련한 그리움이 차오릅니다.
벌써 여름이 지났지만 떠나지 못한 까마귀의 울음처럼
당신의 빈자리 깊은 애틋함에 어쩔 줄을 모릅니다.
하지만 마당 가운데 느티나무 깊은 그늘은 여전하고
나지막한 쥐똥나무 울타리도 늘 편안하고 따뜻합니다.
지금 우리가 간직한 것이 비록 상처투성이뿐일지라도
지금 여기 이 하늘 아래에서는 이대로도 괜찮습니다.
아멘.

이름값을 한다고 하죠.

모임 이름을 새로 짓는데 기왕이면 주변 나무들에게서 이름을 빌려오자고 했습니다. 여성들은 마당 둘레 울타리로 심어놓은 쥐똥나무 곁에서 이야기를 나누다 '쥐똥나무 모임'이라고 이름을 지었고, 남성들은 마당 한 가운데 느티나무 그늘 아래에 모여 커피 한 잔을 마시다 '느티나무 모임'이라고 이름을 지었습니다. 청년들은 마을버스 종점 가는 탱자나무 길을 걸어가다 글로벌 취향에 맞춰 '라임나무 모임'이라는 이름을 지었습니다. 제멋대로 어린이, 푸른이들은 딱 봐도 그냥 개나리. 그래서 '개나리 모임'.

저 높은 하나님의 말씀보다는 곁에서 지내는 이들의 부족함과 실수투성이 삶을 바라보며 더 큰 위로와 격려를 얻는 것 같습니다. 먼 친척들보다, 따로 사는 형제자매들보다 더 자주 만나고, 더 깊이 의지하고, 더 편하고 다정한 사람들이 되었습니다. 그만큼 우리의 삶은 헛헛하면서도 그리움으로 가득한 것입니다.

결국 누군가는 쥐똥나무 울타리와 느티나무 그늘을 떠납니다. 떠난 이들도 떠난 이들이지만 그 빈자리를 지켜야 하는 남은 이들은 한동안 말이 줄어듭니다. 노란 모과나무 열매도 선홍빛 능소화도 그가 있었기에 의미가 있었던 것이지, 그가 없는 그 자리는 그냥 한 공간일 뿐입니다. 어둔 밤을 밝혀주던 달빛도 그리움이 되고, 돌아갈 때를 놓쳐 남겨진 새들의 노래는 서러운 울음이 되기도 합니다. 풀벌레 소리는 또 왜 이리 아연한지 시릴 정도로 높고 푸른 가을 하늘이 야속합니다. 어쩌겠습니까? 이제 쥐똥나무는 작은 새들의 잠자리가 되어야 하고, 느티나무는 노을로 천천히 물이 들어야 하는 것을. 동산에서 살아간다는 것은 채워짐의 시간이기도 하고 비워짐의 시간이기도 한 것을.

  진즉부터 숲의 풀과 나무들은 다가오는 겨울을 준비하고 있었습니다. 울긋불긋 마지막 이야기를 채우기 전에 조용히 여름내 수고한 초록을 다독이며 마음을 가다듬고 있습니다. 언제나 우리는 풀과 나무들처럼 하늘과 땅의 시간에 나를 내어 맡길 수 있을까요? 후회와 미련 없이 그저 물과 흙과 바람과 온기로 만들어진 나 자신으로, 아주 잠깐이라도, 한순간이라도 그렇게 존재할 수 있을까요?

## 그대 때문에

그대 때문에 새벽달 눈망울에 잔잔히 이슬이 맺혔고
들판마다 고마움과 아쉬움이 차곡차곡 쌓였습니다.
그대 때문에 여린 물박달나무 수줍게 얼굴을 붉히고
감나무 꼭대기 곱게 여문 감들은 어쩔 줄을 몰라 합니다.
그대 때문에 산다람쥐 멍하니 푸른 하늘을 바라보고
먼 길 날아온 큰기러기는 짧고 낮은 노래를 불렀습니다.
그대와의 만남을 위해 세상 모두는 조금씩 달라집니다.
그대를 만날 수 있어 지금 이 세상은 아름답습니다.
아멘.

9월부터 창조절이 시작됩니다.

창조세계를 만드신 하나님을 만나는 시간입니다. 하나님은 창조세계 모든 존재의 근원이시지요. 하나님을 만나며 창조세계 모두가 서로를 의지하고 돕고 살아가는 한 자매형제인 것을 기억하고 깨닫는 것이 창조절이라는 귀한 시간을 선물해주신 이유입니다.

동방교회의 전통에서는 창조절이 한 해 교회력의 시작이라고 합니다. 온갖 나무의 열매로 모자람이 없었던 에덴동산에서 인간의 역사가 시작되었듯이, 곡식과 열매를 거둬 풍성함이 가득한 가을이 한 해의 시작이라는 의미랍니다. 그래서 창조절은 하나님의 넉넉한 사랑 가운데 우리가 살아감을 기억하는 일이기도 합니다. 생각해보면 사람의 욕망이란 하나님의 풍성함에 비하면 참 보잘것없는 것입니다. 지구에 아주 잠시 내려앉는 햇빛만 이용해도 세계 사람들 모두가 몇 해 동안 사용하는 화석연료보다 많은 에너지를 얻을 수 있다고 합니다. 하나님께서 베푸시는 은총이 이처럼 충분한데, 우리는 왜 이리 늘 부족하다고 모자란다고 아웅다웅 아우성인지 모르겠습니다.

가뭄에도 여물게 잘 자라준 텃밭 호박이 고맙고, 여전히 감나무에 까치밥이 남아 있어서 다행입니다. 아무리 꼼꼼하게 거두어도 무논에는 일찍 날아온 큰기러기들이 허기진 배를 채울 만큼은 낱알들이 떨어져 있고, 해바라기 촘촘한 씨앗들은 박새들이 군데군데 쪼아가도 흐트러짐이 없습니다. 애초부터 숲속 텃밭 서리태 콩은 고라니가 먹고 남은 것을 거두는 것이었고, 고구마는 땅짐승들이 먼저 가져가고 남은 것을 줍는 것입니다.

그래도 충분하니까요. 가을은 하늘의 넉넉함으로 짠 씨줄에 땅의 고마움으로 날줄을 엮는 오직 은총의 시간, 창조세계의 본모습입니다.

  아쉽긴 합니다. 이 귀한 시간에 더 많이 걷지 못했고, 더 깊게 사랑하지 못했고, 더 크게 노래 부르지 못했으니까요. 기후변화가 더 심각해지면 이제 봄과 가을 없이 겨울과 여름이 번갈아 가며 이어질 수 있다지요. 그때가 되면 우리들은 대체 어떻게 하나님을 만날 수 있을까요?

## 숨바꼭질

하나님께서는 숨바꼭질 좋아하는 어린아이십니다.
그리고 우리는 숨어있는 하나님을 찾는 술래입니다.
우리는 아지랑이 봄꽃에 숨어있는 하나님을 찾았습니다.
우리는 한여름 비바람에 숨어있는 하나님을 찾았습니다.
우리는 가을 높은 하늘에 숨어있는 하나님을 찾았습니다.
우리는 서리 내린 낙엽에 숨어있는 하나님을 찾았습니다.
하나님과의 만남은 우리를 즐겁고 행복하게 합니다.
하나님께서도 우리와의 만남이 기쁘셨기를 바랍니다.
아멘.

참 신비로운 경험이었습니다.

몽골에 다녀왔습니다. 몽골 토브 아이막 아르갈란트 솜에 기독교환경운동연대가 2010년부터 '몽골 은총의 숲'을 조성하는 일을 하고 있어서 해마다 은총의 숲을 돌아보는 '생태기행'을 진행하고 있습니다. 몽골에서의 둘째 날, 이제 얼추 사람 키만큼 나무가 자란 은총의 숲을 둘러보고, 후스타이 국립공원 캠프장에 머물며 저녁을 맞이하게 되었습니다. 지평선에 어스름이 깔리는 순간이었습니다. 새들과 벌레들이 침묵 기도라도 하는 듯 요란한 모든 소리들이 갑자기 사라져 버렸습니다.

그 고요 속에서 동쪽 하늘에 샛별이 반짝이더니 붉은 화성과 목성, 수성이 하나둘 떠오릅니다. 시간이 지날수록 별이 무리를 이루더니 맨눈으로도 선명한 별자리들이 손에 잡힐 것처럼 밤하늘 가득 펼쳐집니다. 마침 달은 그믐을 향해 가는 때라 별들은 시간이 지날수록 영롱해지는데, 초원의 찬 기운을 살펴주는 모닥불을 뒤적이다 낯선 느낌에 올려다본 하늘에는 세상에, 은하수입니다. 하늘로 흐르기가 버거워 쏟아져 내릴 것 같은 별들의 강. 누군가는 사랑하는 이들을 갈라놓은 강이라 하고, 누군가는 착한 영혼들이 고향으로 돌아가는 길이라고 하던, 그 은하수가 진짜 내 머리 위에 펼쳐져 있었습니다. 그 옛날 아브라함이 하나님과 약속을 하며 바라보았다는 하늘의 별들이 이랬을까요?

그동안 희뿌연 하늘 아래에서는 알 수 없었던 별들의 모습입니다. 신비라는 것은 깊은 침묵과 캄캄한 어둠 속에 오롯이 머물러야 만날 수 있는 것인가 봅니다. 지금 내 안에 있는 고집스러운 나를 더 고요한 곳, 더 깊은 곳으로 이끌 수 있으면 좋겠습니다. 그곳에서 또 한 번 몽골 하늘의 별들과 같은 찬란한 순간을 만날 수 있을지도 모르니까요.

짐작컨대 하나님은 이곳저곳에 당신을 숨겨두셨나 봅니다. 별안간 낯선 곳에서 불쑥 손을 잡고 숨바꼭질 하자 이끄십니다. 창조의 그날부터 지금까지 항상 그러셨듯이 우리와 함께.

# 기다림 1

당신과의 만남을 기다리며 첫 번째 초에 불을 켭니다.
그리고 당신과의 첫 만남의 기억을 가만히 떠올려 봅니다.
당신께서는 고요한 새벽 밤하늘을 깨우는 맑은 노래였습니다.
어둠을 밝히고 침묵을 깨뜨리는 크고 우렁찬 노래였습니다.
당신께서는 세상의 가장 변두리의 외롭고 슬픈 노래였습니다.
고름을 짜내고 상처를 싸매는 치유와 회복의 노래였습니다.
이 촛불을 바라보며 당신의 노래를 조용히 따라 부릅니다.
당신의 노래가 우리의 영혼에 고요히 울려 퍼집니다.
아멘.

다시 겨울.

이제 동산에는 빛바랜 낙엽만 수북합니다. 나무는 노랗게 붉게, 마지막 시간에 자신의 색을 오롯이 드러낸 잎들을 다독여 다시 땅의 흙으로 돌려보냈습니다. 흙이란 오랜 세월을 지내온 지구의 조각과 생명의 흔적들이 모여 있는 어머니 땅의 몸입니다. 별을 바라보며 별을 향해 자라는 나무가 결국 자신이 닿지 못할 아버지 하늘보다는 자신이 비롯된, 자신이 뿌리내린 어머니 땅으로 마음을 돌린 셈입니다.

생명들이 지구의 품에서 벗어나 우주의 거대한 힘에 닿아보려 애쓰는 것은 어리석지만 늘 그리운 꿈입니다. 나무는 또다시 봄이 되면 아버지 하늘을 향하는 일에 온 힘을 다 할 것입니다. 그날엔 어머니 땅도 나무들에게 푸른 기운을 불어넣어 주실 테지요. 나무는 이렇게 믿는 구석이 있기에 해마다 거룩한 생명의 놀이를 멈추지 않습니다.

대림절입니다. 세상의 시선과 목소리에 눈치 보지 않으시고 당당하게 지내며 거침없이 마음속 이야기를 쏟아놓으셨던 그분을 마음으로 그려보게 됩니다. 그분의 모습에는 '하늘에 계신 아버지'를 향한 올곧음과 함께 품어주고 다독여주시는 '땅에 계신 어머니'의 따스함이 함께 담겨있습니다. 그분의 이야기에는 냉혹한 시절 하늘의 신비로 품었던 아들을 만나 그 두려움과 기쁨을 어쩔 줄 몰라 나직이 노래했던, 그 아들이 아버지의 뜻을 따라 온전한 참사람으로 성장하도록 쉬지 않고 기도하신 어머니 마리아의 거룩한 누래가 고스란히 담겨있습니다.

결국 그분은 아버지의 뜻에 순종하여 높은 십자가에 잠시 머무시고 내려와 다시 어머니의 품에 고이 안깁니다. 누가 뭐라고 해도 돌아온 아들을 품어주는 것은 어머니의 일. 어머니는 아들을 끝내 포기하지 않습니다. 어머니의 믿음에 아들은 고요한 밤의 아기처럼 편안한 잠을 자고 나서 모두의 희망 가운데 또다시 내일을 살아가게 되었습니다.

올해 감나무 열매가 넉넉합니다. 감을 다듬고 말려서 감말랭이를 만들었습니다. 따뜻한 커피하고 먹으니 은근히 궁합이 맞습니다. 그렇게 거두었는데도 아직 넉넉히 달려있으니 올겨울 까치들도 간식 걱정은 덜었습니다. 산새들 생각에 대림절 성탄 트리 반짝이 전구는 만지작거리다 맙니다. 밤잠이라도 설치게 할까봐.

# 기다림 3

당신과의 만남을 기다리며 세 번째 초에 불을 켭니다.
그리고 우리를 이곳으로 이끄신 당신의 손길을 떠올립니다.
당신은 언제나 우리에게 푸짐한 밥상을 차려주셨지요.
당신과 함께 먹고 마시는 게 정말 기뻤고 큰 힘이 되었지요.
당신은 어디에서나 우리와 함께 즐겁게 노래를 부르셨지요.
당신과 함께 크게 노래를 부르면 모든 걱정이 사라졌지요.
이제 환한 촛불들을 바라보며 당신의 따스함을 느낍니다.
당신의 그 곱고 밝은 마음에 조용히 머물러 있습니다.
아멘.

동산에서 먹는 밥은 참 맛있습니다.

특별히 좋은 쌀도 아니고, 압력솥도 아닌 커다란 전기밥솥에 그냥 밥을 하는 건데도 이상하게 맛있습니다. 다른 이들도 마찬가지랍니다. 집에선 입맛이 없어 깨작깨작 밥 한 공기 비우는 것도 큰일인데, 동산에서는 어느새 뚝딱 빈 그릇이 되어버립니다.

짐작건대 예수님의 제자들도 맛있는 밥을 먹으려는 사람들이었을 겁니다. 정말 굶주리고 목마른 사람들도 있었겠지만 맛있는 밥을 먹으려고, 맛있던 밥맛을 잊지 못해서 예수님을 따라다닌 이들도 있었을 겁니다. 게다가 예수님은 찾아온 이들 오천 명도 좋고, 칠천 명도 좋고, 한 사람 돌려보내는 법 없이 함께 밥을 먹자고 손을 끌어당기는 대책 없는 선생님. 밥 먹는 일에서만큼은 한 치의 물러섬이 없으셔서 먹보요 술꾼이라고 불리실 정도였습니다. 교회가 원래 밥상공동체였다는 이야기를 인정하지 않을 수 없습니다.

사실 밥 먹는 일보다 중한 게 뭐가 있겠습니까? 먹어야 살도록 우리를 만드신 건 하나님의 뜻인데요. 예수님은 기왕 먹을 것 함께 맛있게 먹자고 밥 먹는 모습을 보여주신 것이 전부였습니다. 그러고는 스스로 생명의 밥상이 되어서 지금까지 우리의 밥상에 함께하시는 것이고요.

전기밥솥이 있기 전 아랫목에서 이불을 덮고 아버지의 퇴근을 기다리던 사발 가득 고봉밥은 사라졌어도, 지친 저녁 편의점 도시락으로 차린 청년들의 혼밥, 오늘은 뭘까 학생들의 급식밥, 친구들이 함께 즐겁게 웃고 떠들면서 맛있게 먹는 밥, 이 모든 밥에 하나님의 생명이 함께 하시니 맛있게 먹고, 환한 생명으로 살아가면 그만입니다.

## 당신의 이야기

당신의 이야기는 봄볕마다 피어난 여린 꽃다지였습니다.
우리는 당신의 따스한 이야기로 작은 희망을 품었습니다.
당신의 이야기는 소나기 내린 오후의 무지개였습니다.
우리는 당신의 힘찬 이야기로 흐르는 눈물을 닦아냈습니다.
당신의 이야기는 코스모스 어루만지는 산들바람이었습니다.
우리는 당신의 고운 이야기로 맑은 노래를 불렀습니다.
이제 당신의 이야기는 모든 것을 내려놓은 마른 가지입니다.
우리는 당신의 이야기를 들으며 지는 해를 바라봅니다.
아멘.

하나님의 전능하심은 어떤 것일까요?

인공지능이 아파트, 학교, 병원, 놀이터에 수백 발의 미사일을 떨어뜨려 한 도시를 그대로 큰 무덤으로 만드는 전쟁이 가능한 이 세상에, 그리고 그 인공지능 기술에 천문학적인 돈을 투자하는 사람들이 살아가는 이 세상에, 대체 하나님의 전능하심이란 어떤 이야기일까요? 전능하시지는 못하더라도, 하나님이 이 땅 어디엔가 계시기는 한 걸까요?

성탄절. 이 땅에 오신 전능하신 하나님을 맞이하는 때입니다. 가장 크고 높은 존재가 낮고 작은 간난 아기가 되어 우리의 곁에, 그것도 문간방 말구유에서 조용히 태어나셨다 합니다. 가장 강한 존재가 그 전능하심으로 가장 여린 존재가 되셨다는 참 기가 막힌 이야기를 우리는 올해도 무심히 받아들입니다. 왜 작고 여린 존재가 되신 거야. 우리는 언젠가부터 두려움으로 하나님을 만나는 순간을 외면하고 있습니다. 연약한 하나님은 이렇게 우리의 곁에 조용히 머물고 계시는데 말이지요.

늦은 겨울과 이른 봄이 이어 붙는 시간, 볕 한 줌 햇살이 간신히 닿는 곳, 노랗게 피어난 작은 꽃다지처럼 안쓰러운 모습이 없습니다. 조만간 키 큰 풀들이 자라나면 햇살 구경은 못 할 테니 어쩔 수 없이 남들보다 일찍, 찬 기운 가시지 않은 들판에 한 자리를 얻어낸 꽃다지. 삶이란 게, 살아간다는 게, 그래, 이렇게라도 이어가야 하는 거지. 꽃다지의 그 애틋한 모습이 연약함으로 전능하신 하나님의 이야기일 것입니다. 파란 가을 하늘 아래 홀로 설 자신이 없어 서로를 의지했어두 여전히 살며시 부는 산바람에도 흔들리던 코스모스의 가녀린 연분홍 꽃들.

그 역시 전능하신 하나님의 이야기였던 것이죠.

이 밤 하나님을 만나려면, 하나님의 전능하심을 만나려면, 우리는 그 분이 태어나신 말구유를 찾아 밤하늘 작은 별을 따라가야 하겠지요. 좁은 농성장 비닐 천막에, 아무리 셈을 해봐도 이래저래 빈손인 농부들의 허름한 창고에, 누구도 원치 않는 폭력에 평화를 빼앗겨 억울한 마음에 잠 못 이루는 이웃들의 모닥불 곁에, 전능하신 하나님은 목자들이 찾아왔던 그 밤처럼 조용히 웅크리고 계시겠지요.

해와 달과 별이 떴다가 사라지고 사라졌다 다시 또 떠오르는 것처럼, 전능하신 하나님께서는 그저 우리의 곁에 조용히 머무시다 함께 눈물을 흘려주시고 또 다른 위로가 필요한 이들을 찾아 겨울 길을 걷고 계실 것입니다. 내가 찾는 곳은 항상 따스하고 편안한 자리였나 봅니다. 나는 언제나 전능하신 하나님을 만날 수 있을까요?

# 나무처럼

긴 겨울 보내고 검은등뻐꾸기 반가운 노래 들리면
어김없이 모과나무는 가지마다 파릇파릇 새싹을 틔웁니다.
이른 여름 노란 꾀꼬리 사랑에 취해 춤을 추면
어김없이 느티나무는 짙고 촘촘한 그늘을 드리웁니다.
먼 하늘 흰뺨검둥오리들 어깨동무 어울려 날아오면
어김없이 단풍나무는 울긋불긋 낙엽과 작별을 합니다.
우리에게 나무를 친구로 주셔서 감사합니다.
우리도 나무처럼 당신을 따라 살게 하옵소서.
아멘.

나무는 참 부지런도 합니다.

겨울 숲의 나무는 나뭇가지 안에 내년 봄에 필 꽃눈과 새순만이 아니라 내후년 봄에 필 꽃눈과 새순도 마련을 해두고 있다 합니다. 수억 년이라는 영원에 가까운 시간을 꿋꿋하게 살아온 생명답게 나무는 시간에 얽매여 살아가는 듯해도 자신의 시간을 살아갑니다.

옹이는 결국 부러진 가지가 나무에 남긴 상처, 끈적한 송진도 결국 상처를 참고 견딘 나무의 눈물. 나무는 항상 상처투성이로 온갖 병치레를 하지만 꽃피고 열매를 맺는 일을 결코 포기하지 않습니다. 지난 수십억 년 동안 이땅의 모든 생명은 다른 생명의 죽음 위에서 자신의 존재를 이어왔으니, 생명이란 그리 간단하고 만만한 것이 아닙니다.

아무리 발버둥을 쳐봐도 닿을 수 없는 곳이 있기 마련입니다. 너무 먼 곳에도, 너무 가까운 곳에도, 알지 못하는 그 어딘가에도 우리는 닿지 못합니다. 아무리 애써봐도 머물지 못하는 때가 있기 마련입니다. 지나간 때에도, 저 너머의 때에도, 또 지금이 아닌 그 어떤 순간에도 우리는 머물 수가 없습니다. 하지만 우리는 항상 닿을 수 없는 곳, 머물 수 없는 순간을 바라봅니다. 간혹 닿았다고, 머물렀다고 생각하지만 강렬한 바람이 만들어낸 환상이거나 스스로를 속이는 거짓말일 뿐입니다.

하여 그저 좁은 길을 겨우 따라갈 뿐입니다. 지금 여기 내가 살아가는 시간과 공간에서 흐릿한 안개 속을 절룩거리며 따라갈 뿐입니다. 가끔 앞선 이들이 남긴 체온이 느껴지기도 하시만, 곁에 있는 이들의 숨소리가 들리는 듯도 싶지만, 그저 함께 존재한다는 것만으로도 감사해야지요. 그것만으로 충분합니다. 더할 나위가 없습니다. 그저 이것이 길이라는 의심 반 확신 반으로 길을 걷고 있어도, 햇살은 밝고 따스하며, 달빛은 곱고 맑으며, 별빛은 총총하고 신비합니다.

# 첫 마음

그늘진 산자락마다 한겨울 아린 기운 깊고 짙지만
잠깐 지나가는 한 줌 햇볕에 쌓인 눈은 사라져갑니다.
저수지 댑바람에 오리들이 발을 동동 구르지만
두꺼운 얼음 어딘가에 작은 숨구멍은 있기 마련입니다.
우리의 시간이 한낮의 꿈과 같은 한순간일지라도
멈추어 변함없이 그대로인 것은 아무것도 없습니다.
아직 우리가 첫 마음을 소중하게 간직하고 있기를
그리고 그 마음을 더욱 새롭게 하기를 기도합니다.
아멘.

카페를 정리했습니다.

인테리어 공사를 직접 했었습니다. 그래서 말들이 참 많았습니다. 전등을 여기에 달아야 한다 저기에 달아야 한다, 페인트 색을 이걸 칠해야 한다 저걸 칠해야 한다, 컵은 이래야 한다 저래야 한다, 커피 맛이 뭐 이러냐. 아이쿠, 이걸 왜 시작해서 이 난리람. 다행히 카페 문을 열었고, 나름 이렇게 저렇게 굴러가다가, 결국 6년 만에 문을 닫았습니다. 처절한 자영업의 세계에서 6년 고집을 부리며 버텼으면 할 만큼 해본 셈입니다.

다행히도 쫄딱 망할 판에 카페 건물이 개발 지구로 수용되어 보상을 받아 본전은 건졌습니다. 한동안 카페 생각만 하면 잠이 오지 않았습니다. 시간이 지나갈수록 빚만 늘어났습니다. 솔직히 고백하자면 어리버리한 사람한테 카페를 떠넘기면 어떨까 못된 마음도 품었었습니다. 하여간 잘 정리가 되어 빚도 다 정리하고 나니, 그때의 덧거친 마음을 반성할 여유도 생겼습니다. 이 땅의 모든 자영업은 사람의 본성을 드러내 보여주는 말 그대로 극한 직업입니다. 그리고 모든 자영업자는 날마다 초월과 해탈의 경지를 오르내리시는 성인들입니다.

작은 커피 머신 하나를 들였습니다. 사라진 카페를 기억하기 위한, 우리의 유난하고 정성스러웠던 시간을 추억하기 위한 의미로요. 그때 서로 토닥대던 모습, 맘 졸이던 부끄러운 마음이 커피를 내릴 때마다 조금씩 따뜻한 커피잔에 녹아듭니다. 커피가 쓰면서도 달고 상큼한 이유입니다.

## 깊은 만남

간밤 환한 보름달 아래에서 달맞이꽃이 곱게 노래하고
한낮 모과나무 허술한 그늘에는 달개비꽃이 낮잠을 잡니다.
틈틈이 개망초꽃 환한 웃음에 어쩔 수 없이 미소를 짓고
아직 아무것도 모르는 싸리꽃 몰래 눈물을 훔칩니다.
길이란 본디 모이기도 하고 갈리기도 하는 것이기에
저 너머에는 어떤 길이 있을까 여린 마음만 두근거립니다.
상수리나무에 기대어 샛별이 뜰 때까지 이야기를 나누었던
우리의 깊은 만남은 이제 아침을 기다립니다.
아멘.

그저 기다려야 할 때가 있습니다.

기다리지 않는다면 어떻게 깊은 밤을 지나야 찾아오는, 순간이라도 행복한 사랑하는 이와의 만남을 꿈꿀 수 있겠습니까? 다시 온다고 약속한 이를 기다리는 사람들의 마음이, 그들의 오랜 기다림이 신앙 공동체, 교회가 되었습니다. 시간이 제법 지났는데도 다시 안 오시니 이제 그만 기다린다고요? 사랑이란 것이 얼마나 처절한 것이고 잔인한 것인지를 잘 모르시는 말씀입니다.

겨울은 이 세상은 깊고 긴 기다림으로 비로소 온전하게 된다는 것을 이야기합니다. 겨울이 긴 나라일수록 서가에 꽂혀있는 책이 두껍다고 하더군요. 짧고 따스한 겨울이 되니 이제 사람들은 기다리지 않고, 머물지 않고, 외로워하지 않습니다. 그만큼 사랑은 비닐봉지처럼 가벼워지고, 이별도 물을 가득 부은 커피믹스처럼 밍밍해집니다.

동방교회와 서방교회가 정한 날짜가 다 제각각이고, 지구 남쪽 교회들에게는 아예 해당 사항이 없는 이야기이지만, 그래도 겨울은 예수를 기다리고 만나는, 그러다가 다시 또 헤어져야 하는 시간입니다. 한순간의 사랑으로 인해 너무나 긴 시간을 애태웁니다. 하지만 그냥 내버려둘 수밖에 없습니다. 우리의 마음이 그런 것을, 그렇게 시간이 흘러가는 것을, 길고 긴 기다림을.

기다림은 결국 세상을 변화시킵니다. 기다림 끝에 단단히 얼어붙었던 흙은 움츠러들었던 마음을 풀어버리고, 힌가득 쌓여 얼어붙었넌 눈은 슬며시 나무 그늘에 숨어 눈치를 봅니다. 큰

기러기 떼들도 이제 셋방살이는 끝내고 저 북녘 너머 넓은 땅 자기 집으로 돌아가려 채비를 합니다. 기어이 나뭇가지마다 시나브로 꽃망울이 부풀어 오릅니다. 아직 다음 달이 뜰 때까지 조금 더 기다려야겠지만, 아직 온전한 사랑은 멀고 멀게 느껴지지만 이미 마음은 저 너머에 머뭅니다. 다시 눈이 쌓이고 거세게 찬바람이 불어도 말입니다.

지난 겨울 제주도에서 동백꽃을 보았습니다. 뜬금없는 함박눈이 내렸습니다. 차들이 오름에서 멈춰서고, 비행기도 오가지 못했습니다. 빨간 동백꽃에 눈이 소복이 쌓였습니다. 그러나저러나 동백꽃은 아무 일 없다는 듯 태연히 꽃을 피우고 있었습니다. 나는 그냥 이렇게 언제나처럼 꽃으로 살아갈 거라고 동백꽃은 말하고 있었습니다. 그래, 이런 사랑도 있었구나. 그 순간 툭 떨어져 버린 꽃. 눈의 무게를 이기지 못해서인지, 그냥 그 때가 되었는지 알 수는 없었지만, 붉은 꽃이 지고 말았습니다. 정말 십자가의 그분 모습처럼 말입니다.

## 이른 봄

서둘러 겨울을 떠나보낸 봄까치꽃 푸른 미소가 낯설어도
이제 생강나무 꽃망울도 수줍은 만남을 준비하고 있습니다.
잠에서 깬 산개구리는 밤새도록 반갑다 인사를 나누지만
목련 여문 꽃봉오리는 모르는 척 달빛만 바라보고 있습니다.
당신이 지나가신 발자취에는 노란 꽃다지 살며시 피어나고
당신을 기억하는 산벚나무 눈에는 분홍빛 눈물이 고입니다.
아직은 이른 봄, 아름다운 것들은 작고 여리고 외롭습니다.
여전히 흔들려도 조금씩 당신을 향한 걸음을 이어갑니다.
아멘.

볕 좋은 땅바닥에 납작 달라붙은 파란 개불알꽃

　주보에 몇 번 사진과 함께 이름을 붙여 알려드렸더니 다들 좀 그렇다고 하십니다. 다른 사람들도 비슷한 마음이었는지 봄까치꽃이란 이름을 새로 지어주었답니다. 사람들이 뭐라 하든 여기저기 한 줌씩 봄볕 닿는 곳마다 파란 개불알봄까치꽃들이, 노란 꽃다지들이 서둘러 피어납니다. 아직 남아 있는 추위에 잠이 덜 깼는지 벌들은 찾아오지 않는데, 안쓰럽게도 작은 꽃들이 환하게 피어납니다.

　그런 분들이 있지 않습니까? 평화, 정의, 생명, 전환... 거창한 이야기는 한마디도 하지 않는데, 어디 이름 내세우는 자리에는 나서지 않는데, 그가 머무는 자리마다 따뜻한 온기가 돌고 잔잔한 웃음이 울리는 사람. 저 높은 곳을 향하여 날마다 나아가는 이들도 있지만, 낮은 땅에서 옹골지게 자리 잡은 이들 역시 거룩하기는 마찬가지입니다. 하늘에는 높은 뜻을 받아주시는 아버지가 계시고, 땅에는 토닥토닥 마음 살펴주시는 어머니가 계십니다.

　이른 봄은 작고 여린 이들의 자리이자 땅의 때입니다. 크고 거창한 이들이, 높은 하늘이 잠시 숨 돌리는 찰나. 겨울도 봄도 아니고, 밤도 아침도 아니고, 꽁꽁 언 땅이 다 녹은 것도 아닌 애매하고 모호한 자리. 신빛나무 꽃망울 끝자락이 열린 듯 접힌 듯하고, 비도 안개도 아닌 것이 희뿌옇게 부유하는 때. 이런 아련하고 외로운 삶을 깊이 사랑하지 않고서 어느 날 불쑥 환한 봄을 맞이하는 것은 염치없는 짓이라는 생각이 듭니다. 어쩌면 그래서 봄을 지키기 위해, 철없는 기후변화를 막기 위해 기도해야 하는 것일 수도 있겠다 싶네요. 땅의 작고, 여리고, 외로운 것들을 위해.

# 이제, 봄

우리가 외로운 그대의 곁에 조용히 다가섭니다.
말없이 피어 수줍게 고개 숙인 제비꽃처럼 조용히.
우리가 그대의 차가운 손을 따뜻하게 잡아줍니다.
찬 들판 민들레를 어루만지는 봄볕처럼 따뜻하게.
우리가 흔들리는 그대의 어깨를 꼭 안아줍니다.
조금 흔들리고 부러져도 괜찮다 하는 느티나무처럼 꼭.
이제, 우리가 조심스레 당신의 얼굴을 바라봅니다.
쑥스러운 표정에 비로소 미소 짓는 봄을 만납니다.
아멘.

봄에는 모든 존재가 서툽니다.

자기 덩치보다 더 큰 가방을 메고 어린이집을 나서는 아이의 걸음처럼, 서둘러 감자를 심는 초보 농부의 고랑과 이랑처럼, 제 순서를 놓쳐 화들짝 피어버린 봄꽃들처럼, 봄은 모두에게 서툰 자리입니다. 그래, 괜찮아. 엄마 아빠 손잡고 가면 되지. 뭐 어때. 감자만 잘 자라면 되지. 걱정하지 마. 같이 꽃피는 것도 나쁘지 않은 걸. 서투름도 걱정도 두려움도 봄이니까 다 넘어갈 수 있습니다. 심지어 깊은 어둠에 갇히셨던 그분께서도 이즈음에 깊은 잠에서 깨어나시지 않았습니까? 봄이니까 서툴러도 괜찮습니다. 생명이 가득한 때이니 걱정하지 않아도 됩니다.

생명이 가득한 때, 하나님께서 바쁘게 일하신다는 뜻입니다. 따스한 봄바람. 성령님께서 이렇게 선명하게 존재를 드러내십니다. 성실과 겸양을 상징한다는 제비꽃. 어느 동네에서는 앉은뱅이꽃이라고도 한답니다. 작은 데다가 낮게 자라니 주저앉아서 고개를 숙이지 않으면 제대로 만날 수 없어서이겠지요. 제비꽃은 그래도 꽃다운 모양이라도 있는데, 더 이른 봄, 아직 찬 기운이 가시지 않은 들판에 피는 꽃다지는 자세히 보지 않으면 이게 꽃인지 그냥 마른 풀인지도 모를 안쓰러운 모습입니다. 그래도 괜찮습니다. 봄이니까.

왠지 가슴이 두근거리고, 입이 근질근질하고, 발이 가만히 있지 못 하겠다구요? 어서 들로 나가세요. 나무와 이야기하고, 새와 노래하세요. 바람과 춤추고, 꽃과 함께 웃으세요. 괜찮습니다. 봄이니까, 무엇이든 나의 모습 그대로, 나의 존재로 온전히 살아가면 된다고요. 괜찮습니다. 봄이니까.

　대표 기도를 하시다가 말이 꼬여 울면서 뛰어나갔어도, 한참을 연습한 부활절 칸타타 가장 결정적인 순간에 음이탈이 나 버린 찬양대도, 끝없는 설교에 밀려오는 졸음으로 성경책을 툭 떨어뜨리신 장로님도, 진짜 괜찮습니다. 봄이잖아요. 하나님께서 이 땅 가득 생명을 가득 불러일으켜 주시니까. 괜찮습니다. 봄이니까요.

## 봄 길에서

진달래, 개나리, 목련이 서둘러 꽃을 피웠던 이유는
어느 때든 나의 모습은 아름답다는 믿음 때문입니다.
쑥, 냉이, 꽃다지가 연둣빛 싹으로 돋아났던 것은
작은 자기의 모습을 부끄러워하지 않기 때문입니다.
참새, 멧새, 박새가 아침마다 소리 높여 지저귀는 것은
오늘 하루가 소중한 날이라는 것을 알기 때문입니다.
그대여, 우리는 그대가 다시 오신 봄 길을 걷습니다.
우리의 조용한 노래는 맑고, 수줍은 춤은 곱습니다.
아멘.

자신에 대한 만남 없이 하나님을 만날 수 있을까요?

미디안 광야를 떠돌아야 했던 모세도, 그릿 시냇가에서 까마귀가 물어온 먹이를 주워 먹었던 엘리야도, 사십일의 긴 단식의 시간을 가지셨던 예수님도 그냥 별점 좋은 여행사 관광 상품에 참여하셨던 건 아니었습니다. 거칠고 삭막한 여행을 통해서 만나야 할 것은 다른 것이 아니라 나 자신. 자신이 없는 이야기는 지루하고, 자신이 빠진 노래는 따분할 뿐입니다. 자신 있는 이야기는 단순해도 힘이 있고, 자기 자신으로 부르는 노래는 깊은 마음을 울립니다.

꽃과 나무들 가운데서는 새나 벌레를 끌어모으려고 가짜 꽃을 만드는 친구들이 있습니다. 진짜 꽃은 가운데 요만한데, 꽃대나 꽃받침, 심지어 잎이나 줄기를 커다란 꽃처럼 보이게 합니다. 아차, 꽃이 아니었네. 약은 좀 올라도 꽃이 아예 없는 건 아니니 애교로 봐줄 만합니다. 한데 사람들 가운데는 진짜는 도통 찾아볼 수 없고 껍데기만 화려한 경우가 종종 있습니다. 자기 이야기는 하나도 없이 누구는 이랬네, 누구는 저랬네, 남들 이야기만 읊어대는 사람과 이야기를 나누다 보면 공허함을 넘어 가련함이 느껴집니다.

봄마다 새롭게 세우는 텃밭 영농계획은 실로 거창합니다. 친환경 자연농으로 토양의 건강함과 뭇생명과 공존하는 농사를 짓겠다 선포합니다. 봄까지는 고랑이랑 드문드문 어린 야생초들도 귀한 생명이라 대접합니다. 하지만 여름 장마를 맞고 풀밭이 된 텃밭을 마주하고 나면 마음이 싹 바뀝니다. 징글징글한 잡초들 뿌리까지 다 뽑아버리고 싶은 분노와 증오의 마음. 맑은 가을 하늘에 드러난 부끄러운 민낯에 과연 내가 온전한 생명으로 살아갈 수 있을지 막막하기만 합니다. 추하고, 좀스럽고, 민망한 나.

하지만 부활처럼 지금 나의 현실에서는 존재하지 않는 것을 기다리는 것이 믿음입니다. 언젠가는 가시덤불, 돌밭에서도 피어날 봄을 기다립니다. 시끄러움과 분주함으로 가득한 이 땅에서도 봄을 맞이하기를, 그 시간까지 내가 조금 더 나를 단단히 만나기를, 우리가 조금 더 우리를 알기를 바라고 기도할 뿐입니다.

# 어긋난 시간

당신께서는 겨울 목련 가지 끝 겨울눈에 계십니다.
우리는 당신의 고운 목소리를 아침마다 기다립니다.
당신께서는 봄 들판 낮고 작은 냉이꽃에 계십니다.
우리는 당신의 미소에 고개 돌려 눈물을 훔칩니다.
당신께서는 여름 느티나무를 흔드는 비바람에 계십니다.
우리는 당신의 힘찬 노래를 따라 부르며 길을 걷습니다.
당신께서는 가을 붉게 노을 지는 산자락에 계십니다.
우리는 당신의 아름다움에 설레어 긴 밤을 지새웁니다.
아멘.

몇 주 사이에 느티나무 그늘이 빽빽해졌습니다.

환하게 피었던 철쭉꽃도 꽃분홍 부풀었던 마음은 사라지고 언제 그랬냐는 듯이 이제는 푸른 잎을 키우는 일에만 오롯이 힘을 모읍니다. 세상 느긋한 감나무도 가지 끝마다 연둣빛으로 반짝반짝한 잎들을 가득 품어내고 있으니 봄이 가득 차오른 것이 맞나봅니다.

이제 별안간 꽃샘추위가 찾아오거나 이른 아침 서리가 내릴 일은 없을 테니 텃밭에 고추 모종을 심어도 될 것 같습니다. 흙을 만지는 김에 아예 고구마 순도 심어두어야겠습니다. 벌써부터 칡들이 자라 텃밭 이랑을 넘어 손을 뻗어두었습니다. 지금이야 슬며시 경계를 재는 눈치 보기일 뿐이지만 머지않아 서로의 멱살을 쥐어 잡는 큰 싸움이 날 테지요. 그럴 줄 알았다는 듯 성미 급한 냉이는 벌써부터 씨앗을 맺고 서둘러 봄의 시간을 정리했습니다. 튼튼한 질경이 싹들이 뒤를 이어 땅을 덮습니다. 풀과 나무는 들뜬 봄을 마무리하고 생기로 가득한 여름의 숲을 준비하고 있습니다.

어머니 땅이 간난이 풀과 나무들 돌보시느라 정신없이 바쁜 때, 아버지 하늘은 뭐에 심통이 나셨는지 비 한 번을 시원하게 내려주지 않으십니다. 아마도 다들 미세먼지 때문에 창문을 꼭꼭 걸어 잠그고 있기 때문일 겁니다. 사람들은 파랗던 하늘을 희뿌옇게 만들어두고는 후회는커녕 방안에 커다란 공기청정기를 틀어두고 하늘은 거들떠보지도 않습니다. 아무리 넓은 마음 하늘이라 하더라도 이런 자녀들에게 속병이 들지 않을 수가 있을까요. 눈물은 서로의 곁을 내어주어야 흐릅니다. 사랑이든

숲에서 드린 기도　**87**

미움이든. 이도 저도 아니게 하염없이 멀어진 사이에서는 그저 메마른 먼지만 날릴 뿐입니다. 아무래도 올해는 얽힌 마음이 어지간히 누그러들 때까지 한참을 더 기다려야 빗소리를 들을 수 있을 것 같습니다.

　우리는 언제쯤 창문을 활짝 열고 하늘의 어루만짐에 우리의 마음을 맡기게 될까요? 우리는 언제인가에 다시 밤하늘 총총한 별들 아래에서 마음 설레며 잠이 들 수 있을까요? 우리는 대체 언제까지 이 막막한 세상에서 홀로 외로운 길을 고집할까요? 어긋난 시간이 참 까마득합니다.

## 고운 노을

나는 다시 새로워질 수 있습니다.
간밤에 쏟아진 비는 온 땅을 깨끗이 씻어줍니다.
우리는 한 걸음 더 나아갈 수 있습니다.
아침에 불어오는 산들바람은 힘을 보태어 줍니다.
이 땅은 모두에게 풍요로울 수 있습니다.
한낮의 햇볕은 그 옛날부터 지금까지 한결같습니다.
결국 모든 생명의 공동체는 활짝 꽃이 필 것입니다.
고운 노을로 물든 하늘은 걱정 말고 편히 쉬라 합니다.
아멘.

하나님께서는 지구를 포기하셨나 봅니다.

머지않은 미래, 지구가 지금보다도 더욱 뜨거워져서 북극과 남극, 히말라야의 빙하까지 다 녹아버리면, 바다의 높이가 지금보다 한참 높아져서 바닷가 도시들과 땅은 바닷물에 잠기게 된다고 합니다. 때를 가리지 않고 엄청난 비바람을 동반한 태풍이 몰려오고, 폭염으로 바짝 마른 산과 들에 큰불이 타오르며, 지금 우리가 알고 있는 대부분의 동식물이 더는 견디지 못하고 죽음을 맞게 되는 기후재앙, 대멸종의 세상이 우리의 미래라고 합니다.

그때 우리들의 삶은 전쟁, 테러... 세상은 아비규환 지옥의 모습일 겁니다. 진즉부터 미국의 부자들은 고위도 지역 알래스카에 넓은 땅을 사서 깊은 곳에 벙커를 지어두었답니다. 기후재난이 아니라 핵폭발에도 살아남을 수 있도록 설계를 했다는군요. 아예 우주선을 타고 화성으로 이주해서 살겠다는 이들에 비하면 그나마 소박합니다. 다른 사람들과 생명들은 다 죽어가는데 저 혼자 조금 더 오래 사는 것이 과연 축복일까요? 과연 그때도 사람들은 예배당에 모여서 찬양하고 춤추며 믿음, 소망, 사랑을 이야기할 수 있을까 궁금합니다.

밤새 비가 시원하게 쏟아집니다. 번개도 번쩍번쩍. 천둥이 우르르 쿵쾅. 한 줌 물을 흐리는 놈들은 결국 하늘의 벌을 받을 테니, 내일을 오늘보다 조금 더 아름답게 만드는 일에 마음을 모으고 선한 일에 힘을 쏟으라는 뜻이겠지요. 큰 자동차 대신 자전거를, 일회용 컵 대신 다회용 컵을, 넓은 집 대신 소박한 삶을, 비닐봉지 대신 장바구니를, 꼭 필요한 일에는 재생종이를,

베란다엔 미니 태양광을, 농민들이 정성껏 길러낸 건강한 농산물을, 기념일마다 한 그루의 나무를. 뭐 이것뿐이겠습니까? 두려움으로부터 미래를 구원하는 일들은 바닷가의 모래알처럼 헤아릴 수 없이 많을 겁니다.

외롭고 지친 하나님께서 지구를 포기하게 내버려둘 수는 없습니다. 답답하고 캄캄하긴 하지만 먹구름 사이로 아주 잠깐이라도 별들이 총총거린다면, 나무 그늘 작은 볕에서 자란 민들레 홀씨가 힘겨워도 바람에 날린다면, 사람들이 서로를 향해 어눌하게라도 미소를 지어줄 수 있으면, 수고 많았던 오늘 밤은 서로에게 토닥토닥 깊이 잠들고 내일 또다시 희망을 찾아보는 거지요. 고운 노을처럼 가끔은 우와하는 감탄이 절로 나오는 깜짝 놀랄 선물을 받는 날도 있을 겁니다. 그러니 하나님, 포기하지 마세요.

# 수줍은 하나님

하나님, 당신은 수줍은 소녀이십니다.
봄바람 불면 조용히 피어나는 들꽃은 당신의 미소입니다.
하나님, 당신은 아름다운 여인이십니다.
한여름 소나기가 지난 뒤 환한 무지개는 당신의 웃음입니다.
하나님, 당신은 따스한 어머니이십니다.
깊은 가을밤 맑은 풀벌레 소리는 당신의 자장가입니다.
하나님, 당신은 지혜로운 할머니이십니다.
모든 걸 내려놓은 겨울나무는 당신의 비어버린 손입니다.
아멘.

손톱에 꽃 스티커를 붙여주는 아이들이 있었습니다.

부활절에 아이들한테 화단에 꽃씨를 심고 자기 주먹만한 돌멩이 하나씩을 가져오라 했습니다. 자기가 심은 꽃씨가 어떤 꽃을 피울지 상상하며 돌멩이에 그림을 그리자 했습니다. 남자아이들은 귀찮다고 도망가 버렸고, 여자아이들만 남아서 옹기종기 그림을 그렸습니다.

아이들이 심은 꽃씨는 꽃밭이 되었고, 돌멩이에 그린 꽃은 강단 장식이 되었습니다. 시들지도 바래지도 않는 신비한 꽃으로 장식한 강단이라니. 그때 그 여자아이들은 마법사였을 겁니다. 마당 꽃밭과 강단 돌멩이에 핀 꽃과 마주칠 때마다 아무리 근심 걱정 어두웠던 얼굴이라도 미소가 톡톡 터집니다.

여자아이들이 중고등학생 청소년이 되면 새침스레 마법을 숨겨버립니다. 그러고는 남모르는 자기만의 세상을 만드는 데 숨겨둔 마법을 사용합니다. 스웨덴 소녀 그레타 툰베리는 "우리의 미래를 훔치지 말라"며 전 세계 정부가 기후변화 대응에 나설 것을 외쳤습니다. 놀랍게도 이 소녀의 작은 외침은 기후위기에 대한 대책을 요구하는 125개 국가 2,000여 개의 도시에서 60만 명의 청소년들의 함성이 되었습니다. 마법의 힘이 분명합니다.

여자아이들이 뒤죽박죽 엉망진창이 되어버린 이 세상의 희망이 아닐까요? 여자아이들이 자기의 세상을 아름답게 꾸며가기를, 여자아이들의 아름다움으로 이 세상에 구원이 임하기를 꿈꿉니다. 여자아이들이 그대로 마법의 힘을 간직한 채 아름다운 여인이 되고, 지혜가 가득한 할머니가 되는 날에는 온 세상이 아름다움이 가득한 세상이 될 겁니다. 남자아이들도 신나고 행복한.

## 느티나무 그늘에서

시끄러움을 견뎌낸 하늘은 간신히 푸른 마음을 다잡았고
이제 메말라 갈라진 땅의 상처를 맑은 이슬이 다독입니다.
그사이 여전한 감나무는 제법 튼실한 열매들을 맺었고
모과나무 그늘 달개비들도 무리를 지어 외롭지 않습니다.
한 줌 볕에도 고맙고 감사한 마음에 개여뀌 꽃을 피우고
텃밭 고구마 한 무더기는 아이들의 여린 손을 기다립니다.
당신을 닮아 새들의 웃음 가득한 느티나무 그늘에서
함께 조용히 미소 지으며 가을의 높이를 헤아려 봅니다.
아멘.

여름 사납던 무더위는 한풀 꺾였습니다.

간단히 칡넝쿨 정리라도 해야지 했는데 그만 땀에 옷이 푹 젖었습니다. 느티나무 그늘 서늘한 바람이 얼마나 고맙고 감사한지. 이제야 눈이 뜨여 풀꽃도 보이고, 올망졸망 달린 나무 열매도 보입니다. 내 곁에 이렇게 다른 존재가 있다는 걸 깨닫게 되는 순간이 있습니다. 나의 코앞에서 늘 안간힘을 쓰고 있던 작고 여린 것들. 무심했던 마음에 미안함이 훅 밀려옵니다.

우리 곁에는 조막만 한 햇볕에도 신이 나서 화들짝 환한 꽃을 피우는 이들이 있습니다. 한데 우리는 여름내 선물 받은 햇볕도 모자라 땅속 깊이 감춰져 있는 먼 옛날 생명들의 잠든 몸, 화석연료를 무진장 꺼내 쓰고도 만족을 모릅니다. 무엇인가를 더해서 모두를 만족시킬 수는 없습니다. 하지만 무엇인가를 덜어내면 모두가 만족할 방법을 찾을 수도 있습니다. 덜어내어 만들어진 빈자리에는 아쉬움, 외로움, 그리움 같은 삶의 고귀한 것들이 채워지기 때문입니다.

가을에 마주하는 모든 것들, 작고 여린 것들이라도 여름의 시련과 상처를 견뎌낸 존재들입니다. 그들에게 드는 마음은 미안함이 아니라 사실 고귀함을 미처 알아보지 못한 부끄러움입니다. 높던 하늘도 저녁이 되면 얼굴을 붉히는 마당에 우리의 부끄러움은 그리 부끄러운 일이 아닙니다. 우리가 더 많이 부끄러울수록 세상은 조금 더 수더분해질 테지요. 시련도 모르고 상처도 없는, 크고 높은 것들이 부끄러움도 없이 대접받는 세상을 살아가는 건 참 민망한 일입니다.

그나저나 이 징글징글한 칡넝쿨. 지난해엔 쥐똥나무를 칭칭

휘감아 못살게 굴더니 올해는 욕심보가 더 커졌는지 감나무, 목련을 타고 오릅니다. 저 혼자 햇볕을 누리겠다고 동산 친구들에게 안하무인인 태도. 아, 괜히 밉다 싶었는데 바로 나의 모습입니다. 그래서 아까부터 새들이 까르르 까르르 웃고 있었나 봅니다. 너나 잘하세요. 낫 들고도 기역자를 모르는 게 맞습니다.

## 소중한 것

거센 비바람, 느티나무 가지 흔들리는 밤에도
구름 사이로 잠시, 환한 달빛은 고요할 뿐입니다.
봄 개구리, 여름 매미, 가을 풀벌레 소리 요란한 날에도
피고 지는 꽃들과 소박한 열매는 잠잠할 뿐입니다.
차가운 눈길과 거친 말, 드센 몸싸움이 일어나도
지금 우리를 향한 주님의 말 없는 미소는 따스합니다.
시끌벅적한 세상일들이 우리를 정신없게 만들지만
진정 우리 삶에 소중한 것들은 조용히 머물러 있습니다.
아멘.

태풍이 잦습니다.

거센 비바람이 지나가면 숲길에는 부러져 떨어진 나뭇가지가 수북합니다. 주워서 차곡차곡 모아두면 겨울에 모닥불 피울 때 불쏘시개로 요긴합니다. 가끔은 큰 가지가 뚝 부러지기도 합니다. 덩달아 인터넷 전화선도 끊어지는 비상사태가 발생합니다. 내일 아침 수리기사 아저씨가 올 때까지는 어쩔 수가 없답니다. 덕분에 풀벌레 소리만 요란한 밤이 길게 이어집니다.

급기야 커다란 느티나무가 쓰러지고 말았습니다. 동산에서 제일 큰 나무였던지라 만일 건물 쪽으로 넘어졌더라면 그야말로 큰일이 났을 텐데 감사하게도 반대쪽으로 넘어졌습니다. 큰 느티나무가 쓰러진 건 아쉽고 안쓰러운데, 그 자리만큼 동산이 환해졌습니다. 예전에 풍수지리를 공부했다는 분이 동산을 쓱 둘러보더니 큰 나무 세 그루가 집을 어둡게 하고 바람길을 막고 있으니 나무를 좀 베어내면 좋겠다고 조심스럽게 말했었습니다. 그때는 사이비 도사가 별 헛소리를 한다 싶었는데, 나무가 쓰러지고 나니 정말 볕이 잘 들고 바람도 잘 통합니다. 생각해보니 진즉 나뭇가지를 좀 다듬어 주었으면 지난 바람에 느티나무가 넘어지지는 않았을 것도 같습니다. 두고두고 쓰러진 느티나무에게, 속 깊은 마음을 나눠주신 분에게 미안했습니다.

떨어진 나뭇가지들, 부러진 큰 가지들을 들여다보면 이미 말라버렸거나, 속에 썩은 곳이 있는 삭정이들입니다. 부러지고 떨어진 나뭇가지만큼 숲은 더 빛이 들어 밝아집니다. 그 환한 자리는 씨앗에서 돋아난 어린 나무들 차지가 됩니다. 어쩔 수 없이 비바람, 시끄러움, 분주함을 겪어야 소중한 것이 조용히 남습니다. 요란한 세상, 예배 시간을 알리는 길고 깊은 종의 울림으로 우리는 요란스러움 너머 고요히 계신 그분을 만나게 됩니다. 살며시 조심스레 그분의 곁으로 다가섭니다.

# 가을빛으로 물든

겨울 찬바람에도 반갑게 웃어주던 모퉁이의 모과나무는
산들바람 향기 짙은 노란 모과 열매를 수줍게 보여줍니다.
봄이 다 지나서야 잎이 트고 꽃이 피던 느긋한 감나무도
쪽빛 하늘 선명하게 주황빛 열매를 서둘러 매달았습니다.
여름내 풋풋한 마음 풍성하게 나누었던 비탈진 텃밭은
이제 아쉽지만 어쩔 수 없다고 마지막 열매를 나누어줍니다.
지금 우리의 모습도 언젠가의 시간이 빚어낸 열매일 테니
여기 고운 가을빛으로 물든 그대를 가만히 바라봅니다.
아멘.

텃밭 고추가 바짝 약이 올랐습니다.

아삭 베어무는 순간 입안이 불덩이가 됩니다. 너 이런 녀석 아니었잖아. 배신감이 듭니다. 텃밭에 풀이라도 제대로 뽑아줬어야 불평이든 원망이든 할 텐데 어쩔 수가 없습니다. 이젠 아이들이 고구마도 캤으니 텃밭 농사도 마무리를 짓습니다. 한 번은 무, 배추도 심어서 김장도 담아봤습니다. 이제는 배추 몇 포기만 배추 속쌈을 먹을 요량으로 심어두었습니다. 참, 땅콩은 어떻게 됐지? 돼지감자도 캐야 하지 않나? 한여름 지나 가을까지 뭐 하나라도 더 나눠주려고 애쓰는 텃밭이 고맙습니다. 덕분에 올해도 건강한 밥상이 즐거웠습니다.

여기저기 열매들이 풍성한 때인데 뭔가 마음은 헛헛합니다. 그럭저럭 보낸 한 해, 뭐 딱히 열매라고 할 만한 일이 없습니다. 오늘따라 커피는 쓰고, 바람은 스산합니다.

목싸님. 응? 목싸님, 어제 엄마가 나한테 막 화냈어요. 그래? 속상했겠다. 속쌍해서 막 울었쪄요. 에구, 그랬어? 근데 엄마가 왜 화냈을까? 내가 장난깜 안 치워서요. 에이. 좀 치우지 그랬어. 그래서 이제 잘 치우기로 약속했쪄여. 와, 그래? 잘했다. 목싸님이 우리 엄마한테 나 혼내지 말라고 말 해주세요. 응? 아냐, 잘못하면 혼나야지. 나도 잘못하면 우리 엄마한테 혼나. 그러니까 목싸님도 장난깜 잘 치우세요. 알았어. 나도 이제 잘 치울게.

네 살 푸른이와 수다를 떨다 보니 마음이 좀 편안해집니다. 요 녀석 지난 성탄절에 유아 세례받을 때가 엊그제 같은데 이제 제법 인간적인 대화가 됩니다. 고맙게도 또 위로를 받습니다.

아, 사무실 정리를 좀 해야겠네요. 커튼을 걷고 창문을 열어 방안 가득 가을볕을 가득 담아봅니다. 하늘이 주시는 것은 아무리 한가득 눌러 담아도 넘치지 않습니다. 참 신기하게도.

## 깊은 가을

붉게 물드는 것이 오솔길의 붉나무만은 아닙니다.
사랑하는 이를 기다리는 마음도 붉게 물듭니다.
맑고 푸른 것이 높은 가을 하늘만은 아닙니다.
아직 순수함을 간직한 목소리도 맑고 푸릅니다.
고개를 숙이는 것이 이삭 여문 벼만은 아닙니다.
감히 마주하기 부끄러운 마음도 고개를 숙입니다.
깊은 가을을 만나는 것은 참 즐거운 일입니다.
당신을 만나는 것은 정말로 아름다운 일입니다.
아멘.

사흘 길을 같이 걸어야 어떤 사람인지 안다 합니다.

같이 밥을 먹고, 차를 마시고, 잠을 자면서, 웃고, 화내고, 울고, 즐거워해야 서로를 알게 된다는 것이겠지요. 명함 한 번 주고받고, 모임에서 같이 밥 먹었다고 나를 잘 안다 하는 사람들은 대략 난감합니다. 수십 년을 한 집에서 같이 산 식구들의 속마음도 이제야 알게 되는 것들이 있는데 말입니다.

회양목들 틈바구니에 무궁화나무가 있었습니다. 올여름 꽃이 피고서야 무궁화나무인 것을 알았습니다. 예전에 동산 한켠에 작은 무궁화나무가 있었는데, 어쩌다 뚝 굵은 가지를 부러뜨려 버렸습니다. 그 뒤로 나무가 비실비실해지더니 그해 겨울을 나고서 새잎이 돋지 않았더랬지요. 그 무궁화나무의 아기가 자란 건가? 하여간 이곳은 아직도 모르는 것 투성입니다. 다 같이 사흘 동안 여행이라도 다녀오기 전에는 앞으로도 계속 잘 모르는 사이일 것 같습니다.

우연히 십 년 전 사진을 보게 되었는데 동산 나무들이 모두 가녀린 나무들입니다. 지난 십여 년 동안 나무들은 쉬지 않고 자랐던 겁니다. 느티나무는 마당을 절반 가까이 덮는 큰 그늘을 만들게 되었고, 감나무는 제법 튼실한 열매를 맺게 되었습니다. 소나무는 뭔가 마음이 맞지 않는지 여전히 생기를 못 찾고 있지만, 이제 어린 무궁화나무는 꽃을 피울 만큼 제 자리를 잡았습니다.

낙엽을 쌓아두고 강아지와 놀던 이이들은 학생, 군인, 회사원, 아기 엄마가 되었습니다. 하지만 하나님께서는 별로 변한 것이 없으신 듯, 늘 그 때에 그 꽃을 피우십니다. 아니, 오늘 숨막히는 노을을 보니 조금은 솜씨가 느신 것도 같습니다.

# 맺음의 시간

비 내린 텃밭 굵은 무는 흙을 비집고 머리를 내밀었고
아침볕에 잠이 깬 배추는 다소곳이 머리를 묶었습니다.
이젠 모두가 초록이 아니어도 된다고 마음을 먹었는지
동산의 나무들은 저마다 자기의 색으로 가을을 보냅니다.
점잖던 은행나무는 노랗게 물들인 옷을 입고 춤을 추고
붉은 단풍나무도 더는 뜨거운 속마음을 감추지 않습니다.
가을의 당신은 더 이상 아쉬움을 남기려 하지 않습니다.
가을에는 당신처럼 우리도 있는 그대로 민낯이 됩니다.
아멘.

맺음의 시간이 다가옵니다.

아쉬운 대로, 모자란 채로, 어설픈 대로 마무리를 해야 합니다. 다음이 있기 때문입니다. 긴 겨울을 견디고 나면, 다시 꽃 피는 봄이 오지 않았던 때가 없었으니까요. 그래, 괜찮아. 서로의 어깨를 토닥이면서 다 마무리 짓지 못한 일들을 매듭짓고, 다음을 약속하는 시간이야말로 우리가 하늘에게 받는 가장 큰 은총일 겁니다.

맺음의 시간이 다가옵니다.

그런데 이번엔 좀 다른 맺음입니다. 다음이 없는 마지막 맺음이기 때문입니다. 기후변화의 티핑포인트를 지나고 있다 합니다. 어느 날 지구는 우리가 경험 해보지 못한 세상이 될 겁니다. 50도가 넘는 여름은 흔한 일이고, 북극은 그냥 얼음 없는 큰 바다가 될 겁니다. 큰 태풍이 긴 여름 내내 들이닥칠 테고, 불어난 바닷물은 육지로 넘나들어 땅을 삼킬 겁니다. 동토층 툰드라에서 끝없는 숲을 이루었던 침엽수들이 더위를 못 견디고 말라 죽어 거대한 산불을 만들고, 얼어붙은 땅속에 갇혀있던 메탄가스가 대기로 방출될 겁니다.

한 번 쏟아진 물을 주워 담는 방법은 없지 않습니까. 그렇게 티핑 포인트를 넘어선 기후변화는 더 큰 기후변화를 만들면서 짧은 인류세는 대단원의 막을 맺게 될 겁니다. 다음은 없습니다. 어쩌면 후속편도 없을 수도 있습니다. 적어도 지구에 우리 인간이 끼어들어 주인 행세하는 역사는 다시 없을 겁니다.

다음이 없음을 깨닫는 순간, 우리는 무엇을 하고 있을까요? 조용히 말라버린 나무의 낙엽을 쓸어 모으게 될까요? 조금이라도 더 살아보겠다고 지구의 끝을 찾아 헤매고 있을까요? 그동안 감사했다고 예배실에 촛불을 켜고 슬픈 노래를 부르고 있을까요? 아니면 날 구원하라고 다시 십자가에 예수님을 못 박고 있을까요? 어쨌든지 다음이 없는 순간, 우리는 솔직해질 테지요. 우리의 희망, 절망, 소망, 욕망 모두 감추지 않는 민낯이 되겠지요.

  다행인 것은 그래도 지구는 이런 다음이 없는 맺음을 이미 여러 번 겪어봤다는 것입니다. 그래서 지구의 이야기에 귀 기울이고 사는 존재들은 혹시나 지구가 꿈꾸는 다음 아닌 새로운 시작을 살짝 엿볼 수 있을지 모릅니다. 아쉬워도 모두가 살짝이라도 미소 지으면서 끝맺을 수 있으면 참 좋을 텐데.

# 잊지 않기를

꽃들은 미소를 짓고, 나무들은 나직이 말을 건넵니다.
하지만 여전히 우리는 홀로 외로이 서 있습니다.
새들은 노래를 하고, 호수는 은빛 찬란한 춤을 춥니다.
하지만 여전히 우리는 갈 길을 몰라 머뭇거립니다.
한때, 이곳은 그대의 싱그러운 향기가 넘치던 곳.
이제 우리를 그리움에 머물지 않게 해주십시오,
진정 당신이 우리를 잊지 않으셨기만을 바랍니다.
언제 우리가 헤어졌었냐는 듯, 그대를 만나고 싶습니다.
아멘.

순식간이었습니다.

나무와 풀들이 며칠 새에 커다란 수십 대의 덤프트럭이 쏟아낸 흙더미에 고스란히 묻혀버렸습니다. 땅 주인 되시는 분이 몇 해 전부터 여기를 어떻게 하네, 저기를 어떻게 하네 이런저런 궁리를 하시더니, 비탈진 땅에 흙을 받아 평평한 땅을 만들어 마당을 넓히기로 하셨답니다.

마음을 나누는 시간, 순서를 맡은이는 간신히 눈물을 참고 떨리는 목소리로 이야기했습니다. "저 흙더미 아래에 둥글레, 취나물, 더덕, 도라지, 부추, 냉이, 나리꽃, 산국, 감국, 앵두나무, 목련나무, 개복숭아나무, 고욤나무, 비타민나무, 산수유나무, 포도나무, 그리고… 적어도 우리가 기억은 해줘야 할 것 같아요. 우리와 함께했던 생명들을 기억해 주는 것이 도리이고 예의일 것 같아요."

뿐만 아닙니다. 마당 한 가운데서 우뚝 자라 짙은 그늘을 드리우던 느티나무가 커다란 트럭들이 오갈 때 방해가 된다 해서 뿌리채로 쑥 뽑혀버렸습니다. 딱 눈높이만큼 자라 울타리가 되어주던 쥐똥나무들도 덩달아 뽑혀버렸습니다. 이제 느티나무도, 쥐똥나무도, 목련나무, 산수유나무도 그냥 이름만 남았습니다. 외로움, 그리움. 그런 이름이 아니라 상실, 충격입니다. 아직 화도 못 내고, 그저 서럽기만 할 뿐입니다. 서로 눈길을 마주하지 못하고 애먼 하늘만 바라봅니다.

이 와중에 무슨 커피를 마시겠다고 커피를 볶았습니다. 쓴맛도, 단맛도, 신맛도, 향도 없는 밍밍한 커피를 따라 마시면서 이번 선거에는 누가 나오느니 마느니 쓸데없는 이야기만 늘어놓습니다. 막막합니다. 호수 옆 논밭, 곤히 쉬던 큰기러기들이 어느날 돌아와 보니 아파트 공사장이 되어버렸다고 꺽꺽 울먹대며 쉰 소리만 내지르던 마음이 이랬을까요? 어쩔 줄을 모르겠습니다. 별은 점점 고와지는데, 숲이 사라진 땅에 다시 봄이 올 수 있을지. 정말 눈앞이 캄캄합니다.

## 봄의 향기를 찾아

지난밤 당신과 함께했던 따스함은 시나브로 사라지고
짙은 안개 속에서 우리는 어쩔 수 없이 길을 잃었습니다.
저 언덕 너머에 당신의 목소리 들리는 것 같았지만
우리는 여전히 길을 찾아 숲을 헤매고 있을 뿐입니다.
손과 발은 물이 오른 찔레 가시로 상처투성이가 되고
눈물 가득 벅찬 숨에 옆구리 깊숙이 아픔이 채워집니다.
하지만 그때 그곳 당신의 환한 미소를 잊지 않았습니다.
달빛 아래 피어있는 외로운 목련 향기가 고요합니다.
아멘.

헤른후트 공동체 기도서를 보고 있습니다.
날마다 어떤 말씀으로 하루를 시작할까 고민이 없어지니 참 좋습니다. 고민을 대신 해주고 있는 헤른후트 공동체 식구들에게 감사합니다. 그나저나 올해 말씀, 마가복음 9장 24절의 "내가 믿습니다. 믿음 없는 나를 도와주십시오"를 가만 생각해보니 참 희한한 이야기입니다. 믿는다면서도 믿음이 없으니 도와달랍니다. 배부른데 배고프다는 이야기같이, 이거 뭘 어떻게 하자는 건지 잘 모르겠습니다. 그런데 그게 지금 우리 모습이라는 겁니다. 믿음이 없는 것도, 있는 것도 아닌 어정쩡하고 애매한 모습. 정말 하늘의 도움이 필요합니다.

기후변화가 심각해져서 이젠 기후위기, 기후붕괴, 기후비상사태, 기후재앙이라고들 합니다. 다들 잘 알고 있습니다. 기후변화가 우리들이 욕심껏 먹고, 입고, 자는 것들로부터 비롯된 일이라는 것을요. 우리가 하나님께서 매일 내려주시는 만나와 메추라기 같은 햇빛과 바람과 물로부터 선물 받는 에너지를 저버리고, 저 땅 깊은 곳에 감춰두신 석유, 석탄, 가스를 캐내서 사용하다가 이런 사단이 난 것이란 것을요. 알지만 아는 대로 하지 못하는 우리들입니다. "믿습니다. 믿음 없는 나를 도와주십시오."

창세기에서 사람들이 바벨탑을 지을 때, 나무를 태워 벽돌을 굽고 역청을 사용해 벽돌을 쌓았다고 합니다. 땅에서 나온 역청을 사용해 세우려 한 바벨탑이 결국에는 완성되지 못했다는 성서의 이야기가 지금 우리 문명의 현제를 묘사하는 듯합니다. 바벨탑 때에는 하나님께서 아직 사람들에 대한 미련과 아쉬움이 있으셨나 봅니다. 그때는 그저 사람들의 말을 다르게 만들어 서로 흩어지게 하셨을 뿐이니까요.

하지만 이제는 하나님께서도 지칠대로 지치신 것 같습니다. 하나님이 만드신 세계를 마음대로 대하고 화석에너지도 모자라 핵에너지까지 사용해 높게 쌓아 올린 우리의 바벨탑을 바라보고 계신 하나님께서는 여지껏 아무런 말씀도 하지 않으십니다. 때론 화도 내시고, 이런저런 잔소리도 하셨던, 우리를 향한 따스한 손길을 거두지 않으셨던 하나님께서는 왜 이렇게 말씀이 없으신 걸까요?

다들 잘 알고 있을 겁니다. 지금은 우리가 돌아서야 하나님을 다시 만나 뵐 수 있다는 것을요. 하나님을 만나러 좁고 험한 길, 배고프고 목마른 광야로 나서야 한다는 것을요. 때론 권력을 가진 이들의 겁박도 있을 테고, 온갖 모함과 비난을 들어야 할 테지만, 누구든 바늘구멍 같은 좁은 문을 거쳐야만 영원한 생명의 길을 찾을 수 있을 겁니다. 그때 비로써 우리를 고이 바라보아 주시고, 밝은 얼굴로 복 주시는 하나님을 다시 만날 수 있을 테지요.

그러니 용기를 내서 온전한 믿음의 길을 걸어야 합니다. 희미해져 버린 그분의 발자취를 따라, 아련한 봄의 향기를 찾아가야 할 때입니다. 하나님 계신 곳을 완전 잃어버리기 전에.

# 어떻게 하나님을

그 때에 우리는 보았습니다.

짙은 어둠 저 멀리서 작고 여린 빛이 비치는 것을.

그 때에 우리는 들었습니다.

무거운 침묵을 깨고 맑은 새소리가 울려 퍼지는 것을.

그 때에 우리는 느꼈습니다.

차갑게 얼어붙은 땅에서 따스한 생명이 피어나는 것을.

이제 우리는 분명히 알고 있습니다.

죽음의 시간을 지나서 당신께서 우리 곁으로 오셨음을.

아멘.

기어이 설악산 정상까지 케이블카를 설치하겠다네요.

환경영향평가도 엉터리였고, 타당성 조사도 주먹구구여서 안 되는 것이 당연한 일이었습니다. 하지만 아무리 말도 안 되는 계획이라고 해도 그동안 개발 계획이 저절로 중단된 적은 없었습니다. 서명을 받고, 국정감사를 다시 하고, 단식 농성을 하고... 잠시 케이블카 사업을 멈춰 세우는 듯 했지만, 결국 공사는 시작되었습니다. 설악산에도 사람들 마음에도 깊은 상처가 새겨질 테지요.

잠깐이라도 설악산 케이블카 건설 계획을 멈추게 했던 일등공신은 설악산에서 살고 있는 산양들이었습니다. 설악산 케이블카로 국립공원 설악산의 생태계가 영향을 받게 되는 것은 불을 보듯 뻔한 일이었습니다. 특히 우리나라에 몇 안 남은 산양들의 서식지가 파괴될 터였지요. 아직은 우리들 마음에 양심 비슷한 게 남아 있어서 산양들의 집을 막무가내로 없애버리는 게 미안했나 봅니다. 개발이 중단되었다고 화가 난 사람들은 까짓 산양 몇 마리 때문에 사람이 못 살게 되는 게 말이 되냐고 난리였습니다. 아무리 그래도 할 말과 못할 말이 있을 텐데 참 너무들 한다 싶었습니다.

우리 동네 뒷산에는 산양 대신 고라니가 삽니다. 산이라고 해도 신도시 개발로 곳곳마다 어수선한 터라 여기저기 돌아다니면서 먹이활동을 해야 하는 야생동물이 살만한 환경이 아닙니다. 그런데도 고라니 가족이 비터주고 있으니 일나나 고마운 일인지요. 고라니들은 텃밭 푸성귀를 제 밥상인 양 맛나고 싱

숲에서 드린 기도　**127**

싱한 것으로만 야금야금 먹어 치우고 갑니다. 그래도 밭 한쪽에 소복이 쌓인 고라니 똥이 반가웠습니다. 겨울엔 혹시 먹을 게 없을까 봐 일부러 고라니가 다니는 오솔길 길목에 고라니 먹을 만한 것들을 내어두곤 했습니다.

한데 올겨울은 이 오솔길마저 공사판이 되었습니다. 고라니가 오가며 목을 축였을 작은 샘도, 여린 풀이 가득하던 비탈도 모두 공사장 흙에 묻혀 사라졌습니다. 고라니 가족들의 공간을 말도 없이 망가뜨려 버렸으니 정말 미안합니다. 고라니 가족들에게 올겨울은 참 혹독하고 서러울 것 같습니다.

나와는 다른 존재를 만나는 일을 기대하지 않는다면 어떻게 하나님을 만날 수 있나요? 나와는 다른 존재가 어떻게 살아가는지 조심스레 살피는 마음이 없다면 어떻게 하나님과 이야기를 나눌 수 있나요? 나와는 다른 존재를 향한 궁금함이 없다면 도대체 어떻게 하나님을 기억할 수 있나요? 시방 우리들은 이천 년 전 어린양으로 오신 하나님은 교회 입구 그림으로 따습게 모시고 있어도, 오늘 우리에게 산양으로, 고라니로 오신 하나님은 저 먼 곳으로 차갑게 내쫓고 있습니다. 서러운 하나님, 참 죄송합니다.

# 가만히 계시는

혼자만의 믿음은 있을 수 없습니다.

믿음은 불안해하는 친구의 손을 잡아주는 일이기 때문입니다.

혼자만의 소망은 있을 수 없습니다.

소망은 함께 어울림이 계속되기를 바라는 일이기 때문입니다.

혼자만의 사랑은 있을 수 없습니다.

사랑은 마주하는 이에게 고운 미소를 짓는 일이기 때문입니다.

그대가 걷는 길은 결코 혼자일 수 없습니다.

결국 삶은 우리 안에 계시는 하나님을 만나는 입니다.

아멘.

전에는 교회가 초등학교 옆 상가에 있었습니다.

아이들은 학교가 끝나면 으레 쪼르르 교회로 달려왔습니다. 용가리 돈가스 꼬치나 떡볶이 한 컵을 들고서. 일단 목사님은 왜 일은 안 하고 컴퓨터만 보고 있냐고 잔소리를 하고, 배를 깔고 누워서 숙제도 하고, 깔깔거리면서 자기들끼리 수다를 떨다가, 와당탕 댄스 연습도 했습니다. 출출하니까 라면 좀 끓여달라, 매운데 달콤한 마실 것은 없냐 하다가 후다닥 아이들이 떠나가면 교회는 텅 빈 곳이 되었습니다.

아이들이 어른이 되어 결혼을 했습니다. 좋은 짝꿍을 만나 알콩달콩 예쁜 가정을 꾸렸습니다. 덕분에 횡설수설 주례도 해보았습니다. 이어진 친구들 축가가 재미있어서 아무도 기억을 못하니 참 다행이었죠. 아이들의 아이들한테 유아 세례 집례를 했습니다. 잠든 아기가 깨면 어쩌나 조마조마하면서 고요한 성탄절 전날 밤에 하늘의 축복과 땅의 평화를 기도했었지요. 이제는 아이들의 아이들이 예전의 아이들처럼 아이들이 되었습니다. 그리고 아이들에게, 이전의 아이들에게 해주었던 하나님께서 동물과 새와 나무와 풀을 만드시고 사람을 그들을 돌보는 존재로 두셨다는 이야기를 똑같이 전해주었습니다.

사실 목회자가 하는 일은 대단한 게 아닙니다. 가만히 있다가 찾아오는 사람들을 만나는 일입니다. 그럴 수밖에 없는 게, 목회자가 늘상 이야기하는 하나님도 가만히 계시기 때문입니다. 사람들은 가만히 계시는 하나님의 곁으로 다가와 울고, 웃고, 화내고, 기뻐하다가 돌아갑니다. 하나님께서 뭐라 말씀하시기도 전에 후다닥 돌아갑니다. 그래도 하나님께서는 언제 어디에서나 그저 가만히 계십니다. 당신의 이야기는 꾹 참고, 언제 누가 찾아올지 몰라 가만히 자리를 지키십니다.

 흔하지는 않지만, 가만히 계신 하나님의 이야기를 들어보고 싶으시다면 저녁 무렵 지는 해를 그저 바라보기를 바랍니다. 해가 저물어 텅 빈 하늘, 등 뒤로 별들이 총총 하늘에 매달릴 즈음에 집으로 돌아가는 새들이 하늘에 계신 하나님의 이야기를 듣고 땅에서 살아가는 사람들에게 이야기를 전해주곤 합니다. 그래, 오늘 하루 애썼어. 이제 편히 쉬어도 돼. 속상하겠구나. 네 잘못이 아니니 너무 자신을 탓하지 마. 떠나갈 건 떠나보내고 너는 그냥 네 갈 길 가렴.

 힘들면 아등바등 억지로 힘내지 말고, 그저 이 밤에는 가만히 쉬거라. 가만히 계신 하나님의 이야기 입니다.

# 시련의 상처

상처투성이, 늘 어그러지고, 때론 숨어버리지만
우리는 밤하늘 달을 올려보며 곱디곱다 합니다.
세상이 떠나보낸, 부서져 버려진 것들로 가득하지만
우리는 푸른 바다를 바라보며 아름답다 합니다.
굳고 거친, 그리고 아물지 못한 상처가 여전하지만
우리는 늘 주님의 손길을 사무치게 그리워합니다.
지금 외로움에 눈물 흘리는 당신도 사랑스럽습니다.
여기 있는 나 역시 있는 그대로 사랑스럽습니다.
아멘.

작은 목공방을 운영했습니다.

제조업체로 사업자등록까지 내고 '목공방 대표'라는 명함도 만들었었습니다. 첫 목공방은 닭장으로 사용하던 작은 비닐하우스였습니다. 주말 자연학교를 하다가 아이들하고 솟대도 만들고, 새집도 만들고 하다 보니 어쩌다 목공방이 되었습니다. 목공방 여는 예배도 드리고 목공교실, 목공 캠프도 열었습니다. 장비라고 해봤자 방수 합판에 원형톱을 달아 만든 수제 테이블 톱에 각도절단기, 전동드릴, 클램프 몇 개뿐이었습니다. 그래도 목공방에서 식탁도 만들고, 의자도 만들고, 강대상까지 만들었습니다. 성경책 두고 읽으라고 만들어 선물한 좌탁은 TV 앞에서 라면 먹기에 딱 좋은 높이와 크기라고 호평을 받았습니다.

목공방을 운영하다 보니 나무와 목재에 대한 이런저런 공부도 제법 했습니다. 목재도 유행이 있어서 한때는 옹이가 없는 매끈한 자작나무, 물푸레나무 집성목이 유행이더니, 또 어떤 때는 조그만 옹이들이 골고루 깔려 있는 가문비나무, 소나무 집성목이, 또 한참은 편백나무, 고무나무 집성목이 인기였습니다.

옹이는 나무 몸통에 나뭇가지가 달려있던 자리입니다. 나무가 나뭇가지의 무게를 버티기 위해서 조직이 치밀한 부위를 만드는데 바로 그 자리가 바로 목재의 옹이입니다. 목공을 할 때 나무의 옹이는 참 골치 아픈 부분입니다. 다른 부위와 다르게 단단하다 보니 대패질도 고르게 안 되고, 가끔 끈적끈적한 나무 진액이 차 있기도 합니다. 옹이에 못질을 잘못하면 그냥 나무가 쩍 하고 갈라지기도 합니다.

하지만 나무에게 옹이는 참 소중한 존재입니다. 이 땅 모든 생명의 존재 목적은 나와 같은 생명을 끊임없이 풍성히 이어가는 것입니다. 나뭇가지에 달린 잎과 열매가 많을수록 나무는 더 많은 유전자를 멀리 또 오래 남길 수 있습니다. 목공하는 사람들이나 옹이 없는 매끈한 목재를 바랄 뿐이지, 나무는 옹이를 없애거나 감출 생각이 없습니다. 나무의 나이테도 마찬가지겠지요. 나이테는 나무가 세월을 지내며 켜켜이 쌓은 계절의 흔적. 그래서 나이테는 옹이와 함께 세상 어디에도 같은 것이 없는 단 하나뿐인 무늬가 됩니다.

우리가 아름다움이라 느끼는 것은 결국 존재를 위한 긴 시련의 깊은 상처인 겁니다. 그저 견디어 내든지, 한없이 넓은 마음으로 품어내든지, 모든 존재의 시련의 상처는 어딘가에 흔적으로라도 남아 있기 마련입니다. 그 흔적을 부활의 예수님은 무심히 드러내며 모두의 평화를 비셨습니다. 하나님마저 시련의 상처를 가지고 있었습니다. 저마다 가진 흔적, 무늬를 통해 우리는 우리라는 존재를 사랑할 수 있게 되는 것이 아닐까요.

## 달맞이꽃

길 한가운데 오가는 이들 마음 없이 지나쳐도
끝내 질경이는 짙푸른 잎으로 돋아나고야 맙니다.
돌밭 비좁은 틈새에 하루 종일 옴짝달싹 못 해도
마침내 달맞이꽃은 늦은 달밤 환한 미소를 짓습니다.
가시덤불 속 아차 하면 깊은 상처를 입을 테지만
말없이 숨죽인 며느리밑씻개는 파란 열매를 맺습니다.
매일 저녁 그대를 위로하는 붉은 노을이 없더라도
아름다운 내일을 꿈꾸는 노래는 작고 낮게 울립니다.
아멘.

달맞이꽃이 몸에 좋다는 이야기가 퍼졌습니다.
그리고 온 동네 달맞이꽃이 전부 자취를 감췄습니다. 그해 여름, 달은 맞아주는 친구 없이 쓸쓸하게 밤하늘을 거닐었다지요. 사람들은 남의 것을 빼앗아서라도 마침내 자기의 것을 만드는 소유에 집착합니다. 다윗 왕 앞에 선 나단 선지자가 아흔아홉 마리의 양을 두고 한 마리의 양을 빼앗으려 드는 이가 "바로 당신입니다" 했을 때, 성서에서 말하는 당신은 다윗 왕이지만, 성서를 읽는 나에게 당신은 바로 나입니다. 문제의 본질을 흐리는 이야기라고 하실 수도 있을 테지만, 나단 선지자의 이야기를 듣는 순간 아주 잠깐 마음이 뜨끔하지 않았습니까?
코로나19보다 더 큰 위기, 기후위기가 닥칠 거라 합니다. 그래도 경제성장에 미련을 버리지 못하는 정부와 산업계는 기후위기 대응에 미적미적 입니다. 다른 나라들한테 '기후 깡패', '기후 악당'이라는 비난을 받아도 성장을 위해서는 어쩔 수 없다고 합니다. 세상 물정 모르는 사람들이 기후정의라는 꿈같은 이야기만 한다고 되레 큰소리입니다. 그레타 툰베리가 기후정상회의에서 눈을 부릅뜨고 "어떻게 감히 그럴 수가 있어요?"라고 이야기할 때, 각국 정상들은 부끄럽기라도 했는지 후다닥 꽁지를 감췄더랬지요. 아예 부끄러움을 모르는 이들은 참 답이 없습니다.
달맞이꽃이 여름 달을 기다리는 자리에서 정성스레 꽃을 피웠던 것은 사람들의 자양강장 식품이 되고 싶어서는 아니었을 겁니다. 그때 그곳에서 달맞이꽃이 꽃을 피우세 하시려고 하나님께서는 하늘과 땅, 달과 별, 강과 바람을 만들어 움직이셨습니다. 세상 모든 존재는 다 저마다의 이유가 있습니다. 여름 밤 달맞이꽃이 피었던 것도, 목자가 한 마리의 양을 가지고 있었던 것도, 화석연료가 깊은 땅속에 묻혀있었던 것도 다 그럴 이유가 있어서 하나님이 그렇게 존재하게 했던 겁니다. 하늘이 정한 이유를 묻지 않고 남의 것을 빼앗아 쌓아 올린 소유, 성장은 부끄러움을 넘어 죄악입니다.

  지금 이 순간에도 하늘은 모든 에너지의 근본인 햇빛과 물과 바람을 우리 모두가 사용해도 모자람 없이 넉넉히 베풀어 주고 계십니다. 지금 여기에 베풀어 주시는 은총에 만족하는 순간이 축복입니다. 저기 하나 두신 것은 이제 그냥 그 자리에 두고, 나에게 이미 주어진 아흔아홉으로 모두가, 특히 앞으로 이 세상에서 살아갈 이들이 조금 더 행복하면 좋겠습니다.

## 어쩔 수 없는

산과 들이 눈을 뜨고, 풀잎에 맺힌 이슬마다 고운 빛이 감돌 때
우리를 향한 당신의 맑은 희망을 느낍니다.
나무가 짙은 그늘을 드리우고, 구름이 힘차게 하늘로 모일 때
우리를 향한 당신의 뜨거운 용기를 느낍니다.
나팔꽃이 다시 꽃잎을 모으고, 지친 새들이 집으로 돌아갈 때
우리를 향한 당신의 포근한 사랑을 느낍니다.
작은 별들이 총총하고, 길 잃은 바람이 산허리를 더듬을 때
고요히 우리 안에 계신 당신을 느낍니다.
아멘.

조그맣고 기울어졌던 마당이 넓고 평평해졌습니다.

공사 중에 동산 풀과 나무들이 고스란히 흙 속에 묻혀버렸습니다. 몇 달 동안 자목련도, 앵두나무도, 호두나무도 없는 동산을 지켜보는 것이 참 힘들었습니다. 남들은 으레 알아서 자란 것이겠지 했을 풀꽃들은 사실 공들여 심고 가꾸던 것이었습니다. 마당은 그 모든 기억이 묻힌 커다란 무덤이 되어버렸습니다. 그냥 듬성듬성 심은 나무 몇 그루가 삐죽빼죽 서있는 동산이라니. 돌투성이 거름기 하나도 없는 흙을 살펴보다 텃밭도 이제 그만두자고 했습니다. 사순절마다 아이들과 여기저기 꽃씨를 뿌리던 연례행사도 코로나19 핑계로 올해는 그냥 없는 일이 되었구요.

그 와중에 봄이 찾아왔습니다. 근데 사람 마음이란 게 참 이상하죠. 먼지 풀풀 날리는 흙이라도 아지랑이가 스믈스믈 올라오는 땅을 바라보니 손이 근질근질 가만히 있지를 못합니다. 선거가 있던 날 아침에 꽃씨 몇 봉지를 사들고 올라왔더니 벌써 몇 분이 마당에 쪼그려 앉아 계십니다. 산국 모종을 가지고 오셔서 여기저기 심어두었고, 서울 경동시장까지 찾아가 살구나무, 앵두나무, 밤나무, 매실나무 묘목을 사와서 여기저기에 심어두었습니다. 결국 다른 곳에서 좋은 흙을 한 차 받아와 텃밭도 만들고야 말았습니다.

늦은 봄비가 살짝 내리고 나더니 파릇파릇 새싹이 돋습니다. 바람따고 닐아온 씨앗들은 여기저기에, 사람 손으로 뿌린 씨앗들은 가지런히 줄지어 싹이 돋았습니다. 삐뚤빼뚤 띄엄띄엄,

그래도 잘 자랍니다. 새싹 잔치가 열렸다는 소문이 났는지 반가운 고라니 발자국이 보입니다. 대신 텃밭은 비상사태입니다. 울타리 기둥을 세우고 망을 쳤습니다. 내친김에 목공방에서 모래 놀이터하고 나무 그네를 만들었습니다.

모과나무, 소나무, 감나무, 느티나무, 올해는 쓰린 마음을 추스르느라 그랬는지 여느 해보다 늦게, 마지못해 새싹이 올라옵니다. 이제 한 그루 남은 마당 느티나무도 이번 공사로 굵은 가지 몇이 싹둑 잘려 버렸습니다. 겉으로 내색은 안 하지만 상처란 것은 쉽게 사라지는 것은 아니지요. 새 가지들이 자리를 잡을 때까지 긴 세월 계속 어루만지고 쓰다듬어 주는 수밖에요.

한동안 남은 이들의 상처를 보듬어야 할 것 같습니다. 그 시간 동안 가장 많이 위로와 치유를 얻는 우리들일 테지요. 그렇지 않습니까. 또 언젠가 굴착기 깊은 삽날이 동산을 헤집으면 또 어르고 살피는 수밖에요. 생명이 다시 이루어질 때까지 믿음을 가질 밖에요. 어쩔 수 없이.

# 그리운 숲

때로 흙냄새 가득한 숲길을 종일 걷고 싶습니다.
바람과 춤추는 풀과 나무와 어울려 놀고 싶습니다.
문득 맑은 생각이 가득한 책을 꺼내어 읽고 싶습니다.
바쁜 일 미루고 깊은 상상에 푹 빠져 지내고 싶습니다.
이제 바라만 봐도 좋을 사람을 만나고 싶습니다.
결코 포기하지 않을 소중한 사랑을 하고 싶습니다.
이 시간, 우리를 가을로 초대하신 그대, 참 감사합니다.
우리에게 귀한 삶을 살라 하신 그대, 참 고맙습니다.
아멘.

여름 내내 다들 애썼습니다.

산허리를 무너뜨릴 정도로 쏟아진 빗줄기, 단단히 화가 난 듯 뜨겁게 내리꽂힌 햇볕에, 후덥지근한 공기로 깊은 밤에도 뒤척뒤척 편한 잠을 이루지 못했더랬지요. 우리가 저지른 바가 있으니 마땅히 감당해야 할 일이라 마음을 다스려보아도 잠시, 정직한 몸은 이 낯선 여름에 도무지 적응하기 힘이 듭니다.

힘든 것이 사람들뿐일까요. 설악산과 지리산, 한라산의 구상나무와 가문비나무들이 모여 사는 숲은 이제는 어쩔 수 없다 싶었는지 짙은 푸름을 내려놓고 허연 뼈대만 앙상히 남았습니다. 덩달아 나무에 깃들어 서로를 의지하고 살아가던 새들과 벌레들, 짐승들과 사람들도 뿔뿔이 흩어졌습니다. 사실 숲은 한순간도 그대로인 때가 없이 계속해서 이렇게 저렇게 변하고 있습니다. 한때는 끝없이 눈이 덮여있는 산자락 돌 틈에 어린 구상나무와 가문비나무들이 서로를 의지해 힘겹게 뿌리를 내려 작디작은 숲을 시작했을 테지요. 땅속에서는 균사들이 뿌리와 뿌리를 이어주며 어린 나무들에게 물과 영양을 고루 날라주었을 겁니다. 구상나무와 가문비나무들이 제법 자리를 잡을 즈음에 슬며시 키 작은 나무들이 그리고 한 해를 사는 풀들이 찾아와 숲의 경계를 만들어주면서 더 풍부하고 다양한 숲을 만들기 시작했을 테지요. 그렇게 모든 생명들의 꿈과 정성이 오랜 시간 켜켜이 쌓여 아름다운 숲은 만들어집니다. 하나님께서 창조의 날에 숲을 바라보시며 참 좋구나를 외치셨던 것도 바로 생명들의 아름다움을 보신 겁니다.

숲을 연구하는 이들에 따르면, 숲에서 나는 향기의 성분은 나무를 바이러스와 박테리아로부터 보호하는 '피톤치드'라고 합니다. 사람들이 피톤치드를 들이마시게 되면 사람의 면역계와 내분비계, 순환계와 신경계에서 '세로토닌'이나 '엔도르핀'이라고 하는 호르몬의 분비가 촉진되어서 신체의 균형을 회복하게 된답니다. 아마 우리나라의 숲이 확 줄어든다면 대신 정신과 병원이 늘어나게 될 겁니다. 미쳐 돌아가는 사람들의 세상을 간신히 바로잡아 주고 있는 숲에게 경외와 신비까지는 아니더라도 고마움과 감사는 잊지 않아야 할 텐데, 사람들 눈에 숲은 단지 개발 예정지, 부동산일 뿐입니다.

성서의 창세기는 사람이 숲에서 태어났고 숲을 돌보며 살아가는 존재라고 이야기합니다. 하지만 우리는 숲에서 도망쳐 나와 숲을 그리워하며 숲으로 돌아갈 날을 기다립니다. 옛이야기 속 영웅들은 한결같이 멀고 긴 여정을 떠나지요. 험한 산과 거친 바다, 메마른 광야와 화려한 도시를 떠돌다 지쳐 돌아오는 곳은 결국 뒷동산 숲 가장자리에 있는 고향집입니다. 영웅들은 고향 숲 냄새에서 마침내 평화로운 안식을 누립니다. 그래서 세상 가장 딱한 사람은 예수님처럼 고향을 떠나 낯선 곳을 떠돌다 낯선 땅에 묻히는 사람입니다. 부활하신 예수님께서 가장 먼저 갈릴리로 돌아가신 이유는 고향 땅의 흙냄새가 사무치게 그리워서였을지도 모릅니다.

우리는 숲 가장자리의 한 줌의 흙이었습니다. 숲은 우리의 영원한 고향입니다. 우리는 언젠가 다시 숲의 흙으로 돌아갈 순간을 기다립니다. 숲은 어머니의 살내음 같은, 사랑하는 이의 살결 같은, 우리의 그리움이 머무는 곳입니다. 그래서 지금 또 숲이 그립습니다.

## 그냥 좋아서

초여름부터 그렇게 숱한 눈길을 주고받았으면서도
개망초 하얀 꽃은 여전히 해맑게 웃고 있습니다.
다람쥐 청설모 쉼 없는 손길이 여간했을 테지만
신갈나무 길쭉한 도토리는 아직도 풍성합니다.
뜨거움이 사라진 가을의 숲길을 걷는다는 것은
당신과의 온전한 순간을 그리워하는 일입니다.
한 걸음 발디딜 때마다 눈가에 눈물이 맺히지만
바람결에 숨어있는 당신의 어루만짐을 기억합니다.
아멘.

우리 아이들은 참 잠이 많았습니다.

어떤 집 아이들은 아침에 깨우지 않아도 저 혼자 일어나서 엄마 아빠를 깨우곤 한다는데, 우리 집 아이들은 그냥 놔두면 한낮이 되어도 깨우기 전까지 끄떡 없이 푹 잠을 잤습니다. 그 유전자가 어디에서 조합되었으려구요. 저도 잠이 깊습니다. 한 번 잠이 들면 누가 옆에서 불을 환하게 켜고 음악을 듣고 있어도 아무런 상관이 없습니다. 나이가 들면 잠이 없어진다는데 여태까지 살아오면서 한 번도 잠 못 이루는 밤을 맞아본 적이 없습니다.

급기야 어느 날 학교 선생님이 아이가 학교에서 잠을 많이 잔다고 전화를 하셨습니다. 왜 이렇게 학교에서 잠을 자니? 졸리니까 자지. 밤에 잠을 안 자니까 졸린 거 아닐까? 아니야, 딴 때는 안 졸린데 선생님이 수업만 하면 졸려. 그래, 그래도 선생님 맘 상하지 않게 눈치껏 자. 알았어. 나도 선생님이 좀 재미있으면 좋겠어. 이쯤 되면 더 이상의 대화는 무의미합니다.

방문을 열고 바라보는 아이들의 잠자는 모습, 다 컸다지만 부모 눈에는 여전히 해맑은 아기 같은 얼굴. 꿈에서 사랑의 감정도 몽글몽글 만들고, 이런저런 족쇄들을 풀어 제치고 어깻죽지의 날개를 쫙 펼쳐서 푸른 하늘 높이 날아보고 있을 테지요. 고백컨대 삶에서 이만큼 다른 존재를 욕심 없이, 질투 없이 바라보는 일은 없었습니다. 아이들이 조금이라도 잠을 더 푹 잘 수 있다면 내가 잠을 조금 덜 자도 좋겠다는 생각이 들 만큼까지.

해마다 큰 도토리나무에서 열리는 도토리가 낳게는 10만 개라고 합니다. 그런데 도토리나무의 열매가 새싹이 되어 도토리나무로 성장하는 것은 한 해에 겨우 한두 그루 정도입니다. 나머지 도토리는 거위벌레, 청솔모, 다람쥐, 어치, 멧돼지, 반달가슴곰 그리고 사람들 차지입니다. 도토리나무는 무엇 때문에 이렇게 밑지는 장사를 하고 있을까요? 숲이라고해서 항상 너그럽고 관대한 것만은 아닌데.

 그냥, 나눠주고 싶으니까. 그대들과 나누는 게 좋으니까. 그래도 하늘과 땅의 은총으로 항상 풍성할 수 있으니까. 이 숲의 도토리나무는 그렇게 이야기하는 게 분명합니다. 그래서 아이들은 오늘 밤에도 두발 쭉 뻗고 잠을 잘 수 있는 거고, 그 아이들을 바라보면서 어른들은 잠시 미소를 지을 수 있는 거겠지요. 고마워요, 하나님. 그리고 도토리나무들.

# 또 다시

들판 가득했던 곡식들을 거두고 덩그러니 남은 빈들이지만
멀리서 날아온 흰뺨검둥오리들은 모처럼 만찬을 즐깁니다.
곱게 여물었던 열매들은 겨우 손꼽을 정도만 남아 있지만
감나무 가지에서 멧새들은 풍성한 잔치에 배가 부릅니다.
이제 아무것도 아니라고 그대의 마음은 머물지 못하지만
여전히 그곳에서 누군가의 꿈과 사랑이 차곡차곡 쌓입니다.
또다시 햇빛과 비와 바람이 풍성한 세상을 이룰 그때까지
그대여, 눈물을 멈추고 달빛 아래에서 편안히 잠들기를.
아멘.

가을에서 겨울로 넘어섭니다.

봄과 여름이 빚어낸 열매를 거두어 셈을 해봅니다. 올해는 어째 텃밭 수확도 신통치 않고, 나무 열매도 볼품이 없습니다. 결국 빈 껍데기뿐, 허망하고 허탈한 마음을 감추기 힘듭니다. 표정에서, 몸짓에서, 말투에서 아쉬운 마음이 묻어납니다. 짐짓 태연한 척 해보지만 민망함과 부끄러움이 두 눈에 가득 차오르고 맙니다. 남들한테 감출 수는 있어도 나까지 속이기란 여간 어려운 일이 아닙니다. 어찌하나 걱정과 아쉬움이 한가득 남았습니다. 초라해진 마음에 귀뚜라미와 철새들 노래가 울음으로 들립니다.

어쩌다 쿠바에 간 적이 있었습니다. 세계문화유산이라는 아바나(Havana)는 생각과는 달리 낡고 초라한 도시였습니다. 알록달록 페인트를 덕지덕지 칠한 벽돌집들은 당장이라도 무너져버릴 것 같았습니다. 어딜 가나 낡은 화력발전소와 고물 자동차들이 뿜어내는 매연이 매캐했습니다. 한 세기 전에 그대로 갇혀버린 도시였습니다. 그 유명하다는 아바나 재즈 클럽에 가보았습니다. 작고 어두운 지하 바는 싸구려 시가 연기가 가득하고 모히또에 불콰한 사람들이 여기저기 낡은 의자에 앉아 시끄럽게 이야기를 나누고 있었습니다.

하지만 그날 밤 섀스 연주만큼은, 재즈란 이런 곳에서 이렇게 느끼는 것이야 하고 말해주는 어마어마한 것이었습니다. 유행은 지났지만 빳빳하게 다림질을 한 새하얀 셔츠에 정장을 차려입은 재즈 연주자들의 무심한 듯 열정적인 연주. 스트리밍 음원으로는 결코 느낄 수 없는 온갖 소음 가득한 음악을 한

참 동안 마음 깊은 곳에 그대로 남겨 두었습니다. 아직도 그날의 그 음악을 온전히 표현할 말들을 찾지 못해 그 느낌을 드러낼 엄두가 나지 않습니다.

멋있지 않아도, 세련되지 않아도, 대단하지 않아도 됩니다. 시끄럽고 요란한 것들이 사라지면 마침내 남는 것은 지고지순한 사랑과 뜨거운 열정입니다. 하늘에 밝은 태양이 떠오르는 한, 땅에 풍요로운 강이 흐르는 한, 아직 우리를 어루만져주는 거룩한 존재가 있는 한, 우리는 언제나 겨울을 견디고 다시 희망의 봄을 기다리도록 창조된 존재가 아닐까요.

결국 제자들에게 배신당하고 혼자 남겨져 십자가에서 외롭고 쓸쓸한 죽음을 맞았던 예수님. 다시 제자들을 만났을 때 망가진 자존심으로 속이 들끓었을 테지요. 어쩔 수 없이 밥을 거둬 먹이고 온몸의 상처를 보여주면서도 너희들이 나한테 그러면 안 되는 거다 모진 소리 한 번을 못하고 맙니다. 참 속없는 사람이지 뭡니까. 그런데 예수님, 그분 때문에 다시 시작하는 게 어쩔 수 없는 일이 되어버리고 만 겁니다. 아무리 쓰리고 아프고 혹은 비참하더라도 텅 비어버린 그 자리에서 다시. 그리고 또 다시.

# 기다림 2

그리스도와의 만남을 기다리며 두 번째 초에 불을 켭니다.
그리고 오래전 예수님과의 만남을 가만히 떠올려 봅니다.
예수님께선 떡을 나누어 주시며 우리를 토닥이셨지요.
예수님께선 잔을 채워주시며 우리에게 복이 있다고 하셨지요.
예수님께서는 찬바람 추위에 떠는 이들의 따스한 온기였습니다.
예수님께서는 어둠 속 방황하던 이들의 환한 빛이었습니다.
지금 여기 작은 촛불들을 바라보며 예수님의 마음을 느낍니다.
대지의 따스함이 우리의 영혼에 조용히 스며듭니다.
아멘.

설교 시간에 아이들이 불쑥 이야기합니다.

"목사님은 왜 마스크 안 써요?" "미안, 쓰면 되잖아." 뭐 이랬던 세상이 있었습니다. 그래도 마스크를 쓰고서라도 서로 얼굴을 마주할 수 있어 다행이었고, 동영상으로 예배를 드리지 않아도 되어 정말 행복했습니다. 다함께 나누는 풍성한 공동체 식사도, 원두를 로스팅해서 내리던 커피도 결국 다시 나누게 되었습니다.

대림절 전에 꼭 챙겨두어야 하는 일이 있었습니다. 대림초와 성탄 카드 준비하기. 기독교 서점에 가도 예쁜 성탄 카드와 좋은 초들이 많지만, 약간 고전적인 성화 성탄 카드와 노란 밀랍초는 가톨릭 서점이 아니면 구할 수 없습니다. 이제 우리는 성탄 카드, 손 편지를 쓰는 마지막 세대가 될 테지요. 따스함은 서로에 대한 그리움의 깊이만큼 손으로 느껴지는 것. 손 편지는 그런 고집이었습니다. 밀랍초는 화석연료에 대한 소심한 저항이랄까 아기 예수를 맞이하는 예의랄까 꿀벌이 꽃에서 거두어들인 벌꿀을 먹고 밀랍샘에서 조금씩 만들어낸 노란 밀랍으로 만든 초가 대림의 시간에 가장 잘 어울리지 싶었습니다. 밀랍초는 타들어 갈수록 아깝다는 생각이 듭니다. 비싸기도 하거니와 밀랍을 만드느라 애쓰고 고생했을 꿀벌들한테 미안해서.

우리가 따스함을 그리워하는 것은 빙하기에서 치열하게 살아남은 호모 사피엔스 종의 기억이라는 이야기를 들은 적이 있습니다. 그런데 이제는 기후위기의 시대. 이제는 온기가 아니리 냉기를 그리워하며 살아가야 할 시대가 되었습니다. 따스함 대신 차가움으로도 우리의 사귐을 이어갈 수 있을까요? 펄펄

끓는 기후위기 시대에도 여전히 따스함을 그리워하는 우리들의 허전함과 서러움은 어찌해야 할까요?

　아무리 생각을 해봐도 우리가 냉정해지기보다는 지구가 차가워지는 게 좋을 것 같습니다. 좀 답답해도 내복 꺼내 입고 보일러 온도는 2도만 낮춰봅시다. 새 물건 사기 전에 당근마켓 앱에서 중고물품이 있는지 먼저 찾아보고, 여윳돈이 있다면 이익은 적더라도 녹색기업, 녹색금융에 투자합시다. 그리고 무엇보다 기후위기에 제대로 말하고 행동하는 정치인한테 소중한 한 표를 던집니다. 『그린 엑소더스』(Green Exodus)라는 책도 있는데 중고 서점에서 구해보셔도 좋을 듯.

# 당신이 계신 곳

어둠이 더욱 깊어지고 기다림은 하염없습니다.
하지만 밤하늘 밝은 빛이 잠든 우리를 깨웁니다.
겨울바람은 세차고 추위는 여전히 매섭습니다.
바로 그때, 당신이 계신 곳에 멈추어 섭니다.
당신의 곤히 잠든 얼굴이 피곤함을 잊게 합니다.
당신의 고운 숨소리가 우리를 미소 짓게 합니다.
이제 우리의 마음에는 희망과 기쁨이 가득합니다.
이제 우리의 삶 안에서 생명과 평화가 넘쳐납니다.
아멘.

그다지 말씀이 많지 않으셨습니다.

성서학자들의 연구에 따르면 예수님이 진짜로 하신 말씀이라고 확신을 하는 성서 구절이 그리 많지 않더군요. 대부분은 제자들의 기억에 의지했던 말씀이랍니다. 그 역시 다 예수님의 말씀이라고 해도 얇은 책 몇 권에 남긴 이야기가 그분의 말씀 전부입니다. 예수님이 쓰신 열 몇 권짜리 전집이 있지 않으니 얼마나 다행인가요. 얼마 많지도 않은 말씀만으로도 이렇게 수많은 해석과 논란이 넘쳐나고 있으니.

그나저나 말씀이 많지 않다는 건 예수님은 핵심만 딱 짚어주시고 나머지는 다 제자들의 재량에 맡기는 선생님이셨기 때문일 겁니다. 내가 받고 싶은 대로 남에게 대하자꾸나. 먼저 약하고 연약한 이들을 따뜻하게 만나렴. 다른 이를 헐뜯고 악을 도모하는 자리에는 미련 두지 말거라. 알겠지? 자, 이제 밥 먹자.

광장 한가운데 성탄 트리는 휘황찬란합니다. 하지만 광장 그늘진 모퉁이에는 강제로 쫓겨난 이들, 억울한 일을 당한 이들, 차별을 바로잡으려는 이들, 제대로 된 진실을 기다리는 이들이 간절한 소망을 담은 작은 피켓을 들고 외롭게 서 있습니다. 예수님께서는 지난 이천몇십 년 동안 그러셨듯이 이들의 곁에 조용히 서 계시다가 생일을 맞습니다. 알겠지? 여기에 같이 있자.

예수님은 제자든 죄인이든 원수든 사람을 가리지 않고 함께 함께 먹고 마셨습니다. 예수님의 인맥은 바리새, 사두개를 넘어서 로마의 관리, 백부장하고도 이어졌습니다. 온갖 수치와 고통 가운데 십자가에 못 박혀 죽기 바로 전까지도 이들과 마음을 나누고자 하셨죠. 이 세상은 그냥 내가 좋아하는 편 아니면 짜증 나서 싫은 편, 딱 두 세상으로 갈리는데, 예수님께서는 어떤 편, 어떤 세상에도 머물지 않으시고 이도 저도 아닌 존재들까지 모두 품어 안으십니다. 그러고는 쓱 미소 지으시면서 이제 알겠지? 하십니다.

먼저 거룩한 죽음이 있었으니 성스러운 탄생을 기억합니다. 예수님을 스쳐 만난 것이 인생 최대의 실수가 될지 탁월한 선택이 될지 아직도 잘 모르겠습니다. 다만 오늘은 오롯이 예수님의 생일을 기억하면서 미역국에 따뜻한 밥 한 공기 그리고 잘 익은 김장 김치 한 접시를 준비합니다. 생신 축하드립니다.

# 시편 23편

하나님께서는 따스한 손으로 우리를 이끌어 주십니다.
하나님의 손을 잡은 우리에게 부족함이 없습니다.
하나님께서는 우리에게 당신의 일을 맡으라 하십니다.
그리고 하나님께서는 우리에게 평화와 쉼을 주십니다.
때때로 우리에게 닥친 시련과 고난으로 두려움을 느낍니다.
하지만 든든한 하나님의 손이 항상 우리를 지켜줍니다.
하나님께서는 결코 우리의 손을 뿌리치지 않으십니다.
이제 우리는 영원토록 하나님의 이끄심으로 살겠습니다.
아멘.

공동체에는 편안함이 있습니다.

동시에 공동체는 불편함을 줍니다. 서로 다른 생각이 한데 어울리는 것은 좋지만, 그 안에서도 여전히 은근슬쩍 들이대는 힘의 관계가 있어 여간 신경이 쓰이지 않습니다. 숲도 마찬가지. 소나무, 상수리나무, 신갈나무, 아까시나무, 느티나무, 오동나무. 단풍나무, 생강나무, 쥐똥나무. 온갖 나무들이 서로를 보듬고 어울려 자라는 숲이라도 먼저 햇볕을 차지한 큰 나무들과 그 나무들 사이의 빈틈이라도 차지하려는 작은 나무들의 자리다툼은 여간 치열한 것이 아니지요.

세상일이란 게 다 그런가 봅니다. 아무리 가장 약하고 여린 존재를 배려한다고 해도 서로의 경계를 아주 허물 수는 없습니다. 사람들에게는 자신을 지키는 마지막 경계가 있는데, 그 경계를 불쑥불쑥 넘어 들어오는 이야기들에 마음에 멍이 듭니다. 네가 그러면 돼? 안 될 건 또 뭐람. 하나님의 은총에는 표준 모델이 없습니다. 창조 질서가 정해져 있는 게 아니라 창조세계에는 있는 그대로 모든 것이 당연한 것입니다.

사실 예수님이 꿈꾸셨던 것이 뭐 그리 대단한 것이 아니었습니다. 그냥 의인, 죄인 구분 없이 함께 어울려서 밥을 먹는 일, 갈릴리 사마리아 베들레헴 예루살렘 따지지 않고 선한 사람으로 강도 만난 이들을 돕는 일, 많이 가졌든 적게 가졌든 무거운 것을 내려놓고 있는 그대로 다른 이들을 만나는 일, 뭐 그런 것 아니었을까요? 다른 사람들이 함께 일하다 즐겁게 집으로 돌아갈 수 있고, 다른 성격 다른 취향 다른 선택이 있는 그대로 인정받을 수 있고, 꽃도 나무도 벌레도 짐승도 사람도 살아 있는 모든 존재가 저마다의 언어로 표현하는 이야기에 귀 기울일 수 있고, 아프고 서럽고 외로울 때 다른 누군가 곁에 있어 주고, 소박한 한 끼 밥상을 다른 사람들과 즐겁게 나눌 수 있는 세상살이 말입니다.

어떤 산림 전문가분께서 우리나라의 숲에 대해 70년대 식목사업의 아쉬움을 이야기 하시더군요. 마침 연탄이 전국적으로 보급되어서 사람들이 산에 가서 나무를 자르지 않아도 되었답니다. 그냥 그렇게 산을 사람 손이 안 닿게만 내버려두면 저절로 자연스럽게 온갖 나무들이 자라는 숲이 되었을 텐데, 식목사업으로 같은 나무를 온 산에 심어버려서 생물다양성이 떨어지는 숲이 되었답니다.

모든 나무가, 모든 사람이 그렇게 다 같을 필요가 없습니다. 서로 달라도 됩니다. 그냥 두어도, 그냥 편안한 미소로 바라보기만 해주어도 생명을 풍성케 하시는 하나님께서 알아서 하실 겁니다. 내 생각보다 하나님을 믿는 게 신앙이지 않습니까?

## 조금은 아쉬워서

하나님, 우리에게 뜨겁고 새로운 기운을 주시옵소서.
우리가 온전한 믿음을 얻기까지 지치지 않고 싶습니다.
하나님, 우리에게 굳센 인내와 강한 용기를 주시옵소서.
우리도 하나님의 길을 따라 쉬지 않고 걷고 싶습니다.
하나님, 우리에게 깊고 높고 넓은 지혜를 주시옵소서.
우리는 무지와 편견과 교만에 갇히지 않고 싶습니다.
하나님, 우리에게 뜨거운 사랑과 밝은 희망을 주시옵소서.
우리가 새로운 마음으로 새 시간을 살고 싶습니다.
아멘.

한동안 몸도 마음도 잔뜩 웅크린 채로 지냈습니다.

때론 맨살이 아리도록 매서운 바람이 불어오는 순간이 있기 마련입니다. 땅바닥에 납작 엎드려 잠시 머무는 한 낮의 온기라도 더듬거나, 몸 안 수분을 쏙 빼버리고 그저 그냥 버티거나, 뒤척뒤척 긴 겨울잠이라도 자는 척이라도 해봅니다. 불어오는 바람을 어찌할 수는 없습니다. 바람이 지나가기만을 기다릴 뿐입니다. 그대를 원망하거나 나 자신을 탓하지도 않으렵니다. 그러기에는 아직도 환한 해가 비칠 내일이 너무 궁금하기 때문입니다.

언제나 그렇듯 이 바람도 조만간 잦아들 겁니다. 삭풍이 산들바람으로 느껴지는 순간에 우리는 다시 함께 길을 걷게 되겠지요. 하지만 이번에는 갈림길입니다. 이젠 낯설더라도 서로의 길을 바라보며 헤어짐의 순간을 준비해야겠네요. 이제껏 함께 길을 걸어온 것에 고마워하며 서로의 등이라도 토닥여 줄 수 있기를 바랍니다.

당신의 뜻이 아닌 길이 또 어디 있겠습니까? 당신이 곧 길이라고 하셨는데요. 두려움보다는 설렘을, 후회보다는 그리움을 꿈꿉니다. 실은 술래잡기의 술래가 된 것처럼 살짝 가슴이 콩콩거립니다. 또 언제 어디에서 누구를 만나게 될까. 가끔 뒤돌아보면서 머뭇거리겠지요. 하지만 이제 그대의 길과 나의 길은 멀리 떨어진 서로의 길입니다. 그대의 길에 그리고 나의 길에도 평화가 있기를 기도합니다.

함께 길을 걸었던 순간이 짧지 않습니다. 고맙고 또 감사합니다. 그래도 하늘 아래에서는 잠깐의 시간이 흘러갔을 뿐 아직도 여전히 우리는 철없는 아이들입니다. 어른이 된다는 것은 어른들이나 생각할 일입니다. 그대 역시 여전히 밤이 깊도록 동산을 뛰어놀며 깔깔거리던 시간이 행복하지 않았습니까? 함께 재미있게 잘 놀았다는 것, 그것만으로도 조금도 아쉽지 않습니다.

 아직도 낮게 머리 위로 은하수가 드리운 밤하늘 아래에서 모닥불을 켜고 함께 노래를 부르지 못했습니다. 지평선에서 떠올라 지평선으로 지는 초원의 무지개를 함께 더듬어보지도 못했습니다. 밤도 아니고 아침도 아닌 검푸른 시간에 새들이 기지개를 켜는 이슬 내린 숲을 함께 걸어보지도 못했습니다. 다시 생각해 보니 조금 아쉽기는 하네요.

## 짙푸른 칡꽃

조금 더 높은 곳을 향한 간절한 마음으로
상수리나무는 저 높은 곳에서도 까치발을 세웁니다.
내 안의 깊은 불안을 떨쳐내려는 몸부림으로
간밤 소나기에 멍들었어도 칡꽃은 하늘을 바라봅니다.
누군가는 저곳에 이르면 편안히 쉴 수 있다지만
그곳은 어딘가를 향하는 길의 또 다른 시작입니다.
봄을 찾아온 새들은 벌써 집으로 돌아갈 채비를 합니다.
그대의 길에 하늘의 인도와 축복이 함께 하기를 빕니다.
아멘.

꽃을 피운다는 것은 참 대단한 일이지요.

꽃이란 것은 오로지 아름다움만의 순간. 아름답지 않으면 벌이나 새들의 눈길을 받을 수도, 수분을 할 수도 없으니까, 효율이나 미래를 위한 저축 같은 것은 다 포기하고 오직 지금 여기 아름다움에 모든 것을 쏟아낸 결과입니다. 풀과 나무들이 다른 모든 것을 접어두고 오직 아름다움을 위한 시간에 머문다는 것, 참 멋지고 부럽습니다. 우리네 삶에는 이렇게 한순간이나마 오롯이 아름다움으로 존재하고 싶은 간절함이 있나요? 우리는 그저 살아있음만으로도 버거운 삶을 하루하루 악착같이 살고 있지 않나요?

어떤 이들에게 숲속 새들의 지저귐은 아름다운 노래이고, 어떤 이들에게 그 노래는 힘겹고 애절한 절규입니다. 위대하고 아름다운 예술의 뒷 페이지에는 예술가들의 땀과 눈물, 고통과 좌절이 빼곡히 적혀 있습니다. 단 하나 아름다움을 선택한 풀과 나무 그리고 그들이 피워낸 꽃에도 어찌지 못한 슬픔과 아픔의 색이 고스란히 배어있습니다.

키 작은 갈래나무 교목들이 자리 잡은 숲 언저리, 다른 나무들의 사정은 아랑곳없이 햇볕 한 줌을 위해서 홀로 생존의 욕망에 사로잡힌 칡넝쿨을 만나면 그 간절함에 짜증이 날 지경입니다. 아무리 그래도 그렇지 다른 나무들을 칭칭 감고 잎을 감쌀 필요까지는 없잖아. 점잖은 충고는 도통 먹히지 않습니다. 다른 나무들은 안중에 없는 인정사정없는 햇빛 쟁탈전입니다. 네가 죽거나 아니면 내가 죽는 냉혹한 싸움의 와중에, 한 뼘이라도 더 다른 나무를 타고 올라야 할 그 순간에, 아, 짙푸른 칡꽃이라니. 그 많고 많은 색 가운데 하필 애잔하게도 푸른색이라니. 돌을 들고 왔는데 죄 없는 사람이 먼저 돌을 던지라는 이야기를 들은 것처럼 참 난처합니다. 이 꽃 때문에 그리도 억척이었구나. 이미 마음이 흔들려 버렸습니다. 툭.

왜 예수님은 그리도 제자들을 세심하게 살피셨을까요? 서로 자리다툼이나 하고, 난 모른다 발뺌하고, 은전 몇 푼에 배신하고, 옷까지 훌딱 벗고 도망쳐버린 그따위 녀석들한테 말이죠. 분명 예수님께서도 제자들을 향한 실망과 분노에 꼭지가 도셨을 것 같은데. 문득 마음 추스르려 걸어가신 들에서 꽃을 생각하시다 내가 지금은 이해할 수 없지만 저들도 언젠가 한순간 꽃을 피우리라 믿게 된 것은 아니었을지. 하늘의 새를 바라보다 단단하게 여민 하나님의 마음도 언젠가는 풀어지는 것을 알게 된 것은 아니었을지.

봐라, 내가 먼저 꽃을 피워볼 테니. 골고다 언덕의 십자가에서 꽃이 되신 예수님. 선생은 제자들의 꽃을 보지도 못할 것을 알면서도 꽃으로 사라지고 맙니다. 제자들은 성령님께서 마음을 다독이고 한참이 지난 뒤에야 예수님을 따라 꽃을 피웠습니다. 그래서 들의 꽃을 보라고, 하늘의 새를 생각하라고 신신당부하셨던 걸까요.

그분을 따라 산다는 언감생심은 고이 접어두었는데 언젠가는 아주 잠깐 아름다운 꽃은 피워보고 싶긴 합니다. 예수님처럼 환하게 빛나는 붉은 십자가의 꽃은 감히 올려다볼 처지가 안되고, 아주 잠깐 수줍고 미안해서 살짝만 고개를 든 작고 낮은 제비꽃같이 고운.

# 나는 나

말없이 피었다 미소 지으며 지는 작은 달개비꽃처럼
나는 조용히, 나로 살겠습니다.
바람이 호들갑을 떨어도 그 자리 그대로인 신갈나무처럼
나는 한결같이, 나로 살겠습니다.
붙잡으려 애쓰지 않고 낮은 곳으로 흘러가는 냇물처럼
나는 편안히, 나로 살겠습니다.
바라보면 온 누리에 가득한 당신의 신비로움처럼
나는 가슴 벅차게, 나로 살겠습니다.
아멘.

## 제주도 한라산에는 무주나무가 살고 있습니다

제주도 한라산에는 무주나무가 살고 있습니다. 한라산에서도 양지바른 남쪽의 상록수들이 많이 사는 숲 중에서도 습도가 높은 곳 그리고 배수가 잘되는 부식질 흙이 풍부한 땅에서 아주 드물게 만날 수 있다고 합니다. 까탈스럽게도. 무주나무는 줄기에 착 달라붙어 피는 하얀 털꽃이 진 자리에 파란 구슬 같은 열매가 열린다고 합니다. 구슬 같은 열매가 열리는데 왜 이름이 구슬이 없다는 무주나무일까 싶었는데, 친척뻘로 생김이 비슷한 수정나무 뿌리에는 염주 모양의 혹이 달려있는데, 무주나무 뿌리에는 이 염주가 없다고 해서 무주나무라는 이름이 붙었다네요. 무주나무 입장에서는 좀 황당할 것 같은데 누군지 그렇게 이름을 지어버렸네요. 그러거나 말거나 무주나무는 그냥 숲속 무주나무의 삶을 살아갈 뿐일 테지만요.

한라산에서는 골프장, 리조트 건설 등 각종 개발 사업으로 여의도 면적의 4배에 달하는 야생 숲과 들이 사라졌다고 합니다. 그래서 까탈스럽게 살아가는 무주나무도 멸종위기종이 되었구요. 게다가 요즘 제주도에서는 관광객을 더 받기 위해 제2공항까지 새로 짓겠다고 하고 있으니 앞으로 한라산에서 무주나무를 만나보기는 더 어려워질 겁니다.

멸종이란 말, 참 무서운 말입니다. 죽음이란 말도 막막하기 이를 데 없는데, 같은 유전자를 가진 형제자매 이웃들이 모두 죽음에 이르렀다는 끔찍하고 참혹한 말이니까요. 생물들은 수백만, 수십만 년의 시간을 거치면서 다른 형태와 생태를 가진 종으로 다양하게 분화합니다. 이렇게 조심스럽게 만들어진 생명다양성을 과학에서는 서로 다른 환경에 적응해 생존한 결과라고 하지만, 생명 안에는 서로 다른 존재가 되고자 하는 어떤 의지가 있다는 생각이 들기도 합니다. 서로 다른 존재가 되면 서로의 부족함과 모자람을 채워줄 수 있으니, 전체 생명은 더 온전한 존재가 될 수 있으니까요.

아직까지도 세상을 흑과 백, 보수와 진보, 남성과 여성, 딱 두 가지만으로 구분을 하는 이들이 있지요. 실은 무주나무가 아닌데 우리가 무주나무라고 부른다고 해서 무주나무의 삶이 달라지는 것이 아닌 것처럼, 세상을 이것 아니면 저것으로만 생각하고 구분한다고 해서 서로의 다름으로 온전함을 이루는 하나님의 창조세계가 둘로 나누어지는 건 아닙니다. 그냥 나는 나, 너는 너. 꼭 어디에 속하지 않아도 되지 않나요? 여름밤 요란한 소나기 쏟아지는 신비의 순간 속에 그저 조용히 머무는 것으로도 그대의 삶은 충분하잖아요.

## 하나님의 마음 돌리기

거센 비바람에도 흔들림을 두려워하지 않은 것은
땅속 깊이 자라잡은 든든한 뿌리가 있어서입니다.
가는 가지 하나둘 부러져도 끝내 참아낸 것은
흐트러짐 없이 뻗은 굵은 줄기가 있어서입니다.
떨어진 열매들에 서럽고 아픈 가슴 움켜쥐지만
또다시 봄이 오면 환한 꽃 넘실대는 꿈을 꿉니다.
하나님께서는 한 처음에 나무와 친구가 되셨습니다.
나무를 친구로 둔 이는 하나님과도 친구입니다.
아멘.

봄을 다시 만날 수 있을까요?

뿌연 하늘이 계속되고, 더웠다 추웠다 오락가락하는 동안 개나리, 목련, 진달래, 벚꽃, 철쭉이 허겁지겁 한꺼번에 피었다 지는 봄 말고, 여리고 고운 봄바람이 불어와 제시간에 맞춰 꽃들이 피고 지는 제대로 된 예전의 봄 말입니다. 힘들 것 같습니다. 하나님께서 이번엔 단단히 화가 나셔서 그 마음을 돌이키기가 쉽지 않아 보이니까요. 우리가 그동안 저지른 잘못이 있으니 감히 이 재앙을 모면하게 해달라고 기도조차 못 할 것 같습니다.

딱 한 가지, 하나님의 마음을 바꿀 방법이 있긴 합니다. 하나님께서 그 무엇보다 좋아하시는 것은 나무를 심고 가꾸는 일입니다. 창조의 동산이 그랬다지요. 나무가 우거진 숲과 숲에서 흘러나오는 여러 갈래의 강. 나무가 많아지면 우선 하나님께서 거닐며 돌보고 살피실 존재들이 많아져 사람들에 대한 걱정을 좀 덜어내실 테지요. 더불어서 하나님께서 화를 내실 때 눈에 안 띄게 나무 뒤로 살짝 몸을 숨길 수도 있을 테니까.

코로나19로 몇 해 동안 몽골에서 가꾸고 있는 은총의 숲에 가보지 못했습니다. 몽골 남부 고비사막에서 엄청난 모래폭풍이 불었다고 해서 10년을 공들인 숲에도 영향이 있는 것은 아닌지 걱정이었습니다. 감사하게도 몽골 은총의 숲 나무들은 별 탈 없이 모두 건강하게 잘 자라고 있었습니다. 오히려 모래바람은 적당하게만 불어오면 토양에 영양 성분을 더해줘 나무들이 자라는 데 도움이 된다고 합니다. 창조세계의 모든 일에는 다 이유가 있습니다.

몽골에서 자라고 있는 나무들만 생각하면 얼마나 마음이 뿌듯해지는지 모릅니다. 그런데 이제는 아무래도 25,000여 그루의 나무만으로는 부족할 것 같습니다. 어느 식물학자가 기후위기를 벗어나려면 기존의 나무를 잘 돌보면서 480억 그루의 나무를 더 심으면 된다고 하더군요. 세계 80억 인구로 나누면 한 사람이 6그루 씩 심으면 되네요. 기후위기, 생태위기인데 그것도 못하겠습니까? 게다가 한국은 세계 10대 경제 대국이니, 가난한 나라 사람들 몫까지 감당해야지요. 한국의 그리스도인들이 모두 내 몫과 남들 몫까지 해마다 6그루의 나무를 심어 숲을 만든다면 그만큼 하나님께서도 바빠지시겠죠. 꿈이 너무 크다구요? 돌아선 하나님의 마음을 돌리는 기도인데 이 정도는 해봐야지요.

# 수리부엉이

따스한 봄, 뻐꾸기의 낮고 높은 울음소리는
사랑하는 이를 만난 감격과 기쁨의 이야기입니다.
뜨거운 여름, 까마귀의 길게 퍼지는 울음소리는
사랑하는 이와 조심스레 나누는 수줍은 이야기입니다.
서늘한 가을, 참새들의 수다스러운 울음소리는
사랑하는 이와 토닥거리는 행복의 이야기입니다.
찬 겨울, 흰뺨검둥오리의 지치지 않는 울음소리는
기어이 사랑하는 이와 함께 하겠다는 간절한 기도입니다.
아멘.

숲 길에서 커다란 새와 마주쳤습니다.

나뭇가지 위에서 별로 놀란 기색 없이 어른 키만 한 날개를 스르륵 펼치더니 유유히 숲으로 사라져 버린 새. 교회에 올라가 새 도감을 뒤져보니 수리부엉이가 틀림없습니다. 하루 종일 가슴이 두근거렸습니다. 까치나 어치, 박새들처럼 그리 쉽게 만날 수 있는 새가 아니었거든요. 하지만 그 뒤로 한참 수리부엉이를 보지 못했습니다. 그냥 잠시 지나가는 길에 마주쳤던 걸까. 오가며 수리부엉이가 머물렀던 자리에 눈길이 스몄습니다.

두근거림이 잊혀가는 어느 날이었습니다. 국방색 옷을 입고 검은 모자를 푹 눌러쓴 아저씨 한 분이 길모퉁이에서 커다란 카메라를 들고 사진을 찍고 있었습니다. 이 숲 언저리에 수리부엉이가 둥지를 틀었다고 하면서요. 얼마지 않아 수리부엉이가 둥지를 틀었다던 숲의 반대편으로 새로운 도로가 개통되었습니다. 시속 100km로 달리는 자동차들이 내는 소리에 정신이 하나도 없었습니다. 간혹 정체가 생겨 조용한 시간이 있을 때 나무들은 잠시 숨을 돌렸고, 꽃들은 뭉친 어깨를 풀었습니다. 사람들도, 귀 없는 풀과 나무들도 이리 정신이 없는데 귀 밝은 새들은 어땠을까요.

먼 산 사는 검은등뻐꾸기는 여전했지만, 새들 사이에 소문이 제대로 난 것 같았습니다. 그 뒤로 수리부엉이를 보지 못했습니다. 숲의 새들에게는 고요함이 생존의 조건입니다. 울음소리를 주고받지 못하면 연인도 새끼도 만날 수가 없으니까요. 그 뒤로 새들은 하나둘 숲을 떠나갔습니다. 사람들은 방음이 된 차 안에서 조용한 클래식 음악을 들으면서 과속 단속에 걸리지

숲에서 드린 기도 **187**

않을 만큼 살짝 속도를 낼 뿐이지만, 도로 언저리에서 살고 있는 작고 여린 존재들에게 자동차가 내쏟는 소리는 너무 큰 폭력이었습니다.

지금 울음소리를 듣지 못하는 것은 우리의 주변이 너무 시끄럽기 때문일 겁니다. 사랑하던 이를 잃은 존재의 슬픔을, 그 슬픔을 딛고 일상을 살아가야 하는 서러움을, 정의로부터 외면 받은 억울함을, 그 곁에서 안타까워하는 이들의 울음을 듣지 못한다면, 대체 우리의 삶은 어디를 향하고 있는 것이고, 무엇을 위해 살아가는 걸까요? 우리가 함께 울어주지는 못할망정 행여 그 울음을 듣기 싫어 속도를 더 높이고, 음악을 더 크게 틀어놓는다면 우리가 닿을 그곳에는 천국이 있을까요?

'봄의 침묵(Silent Spring)'을 이야기한 레이첼 카슨은 울음이 없는 세상은 죽음의 세상이라고 이야기했습니다. 하늘의 새를 생각 해보라 하신 예수님의 말씀을 기억합니다. 새를 찾아보려면 먼저 울음소리를 들어야 합니다. 모든 생명은 울음으로 시작합니다. 우리도 처음엔 다 울었잖아요.

## 실망 가운데

하나님께서는 똑바른 직선을 긋지 않으십니다.
강줄기처럼 부드럽게 굽어진 곳에 당신이 계십니다.
하나님께서는 빈틈없는 수평을 만들지 않으십니다.
산자락처럼 휘청이며 기울어진 곳에 당신은 계십니다.
하나님께서는 틀림없는 시간을 정하지 않으십니다.
하늘처럼 그저 때가 되면 되는 곳에 당신이 계십니다.
하나님께서는 결코 완벽한 계획을 세우지 않으십니다.
나무 옹이처럼 상처가 드러난 곳에 당신은 계십니다.
아멘.

너무 실망스럽습니다.

정부의 기후위기 대응 계획에 일말의 기대를 걸었던 나 자신에게 화가 날 정도입니다. 세계 각지에서 숲이 불타고 있고, 거대한 빙하가 와르르 무너져 내리고 있는데도 어찌 그리 눈앞의 이익만 중요하다 여길 수 있는 걸까요? 참 답답하고 마음이 무겁습니다.

얼마 전 IPCC에선 기후변화에 관한 6차 보고서를 발표했는데, 이대로는 2050년을 목표로 했던 지구 평균기온 1.5도 상승이 2040년 안에 일어난답니다. 그마저도 하도 뭐라고 해서 아주 널널하게 잡은 거라고 합니다. 기후 시계는 1.5도 상승까지 5년이 채 남지 않았다 하고, 어떤 실측 데이터는 이미 1.5도 상승을 넘어섰다고도 합니다. 이미 오래전부터 과학자들은 지구 평균기온 상승이 1.5도를 넘어서면 생태계가 걷잡을 수 없는 붕괴에 처할 것이라고 경고를 해왔습니다. 우리 모두는 그 지옥을 생생히 경험하고야 말 테지요.

이제 마른 수건도 쥐어짜야 할 상황, 단 1g이라도 탄소배출을 더 줄이기 위해서 정부, 시민, 기업, 종교 모두가 지혜를 모아야 합니다. 미래의 희망을 위해서가 아니라 현재의 생존을 위해서 말입니다. 기후위기를 생각해서라도 이제 이땅의 모든 전쟁이 끝났으면 좋겠습니다. 이 다급한 위기 상황에 무기를 사고 서로를 죽이는 데 돈을 사용하다니. 전 세계 청년들에게 손에 총이 아닌 쟁기를 들려주어야 합니다. 한 그루라도 더 산과 들에 나무를 심어야 합니다.

'굽은 것이 온전한 것이고 바른 것'이라고 합니다. 우주는 가늠조차 못 할 속도로 팽창하고 있다는데, 곧은 직선은 어불성설입니다. 90도로 완전한 직각이란 도면 위에나 있는 것입니다. 자르고 붙이다 보면 어느 한쪽은 삐뚤어지기 마련입니다. 우리 현실은 모두 휘어지고 틀어지고 흔들리는 것들뿐입니다. 이제 이 틀어지고 휘어진 우리의 현실에서 생존을 위한 삶의 길을 찾아야 하지 않을까요?

   뜨거운 더위와 거센 비바람을 견디고 산들바람에 춤을 추는 가지 끝 잎사귀가 우리를 안쓰러워합니다. 이제 햇빛으로 돌아오라고, 지난 45억 년 동안 모든 지구별 생명들이 그랬듯이 말입니다. 기후위기 대응에 동과 서, 남과 북, 보수와 진보, 자본과 노동, 어제와 내일이 함께 힘을 모으게 되기를 바랍니다. 우리에게 진정 필요한 것은 하나님이 내려주시는 은총뿐입니다.

# 숲의 수난

발을 딛어 가을의 땅을 지긋이 밟아보십시오.
당신께서는 우리에게 천천히 여유를 누리라 하십니다.
손을 내밀어 가을의 나무를 쓰다듬어보십시오.
당신께서는 우리에게 무거운 짐을 내려놓고 쉬라 하십니다.
고개를 들어 가을의 하늘을 조용히 바라보십시오.
당신께서는 우리에게 높고 맑은 마음으로 살라 하십니다.
이 가을 하나님의 품에서 마땅히 해야 할 일을 하십시오.
한결같이 우리를 만나주시는 하나님, 감사합니다.
아멘.

숲의 수난 시대입니다.

시베리아와 북아메리카 온대 우림이, 툰드라의 숲이, 아마존과 인도네시아 아프리카 열대 우림이, 유럽 남부와 미국 서부, 호주의 활엽수림이 모두 불타오르고 있습니다. 기후변화 때문입니다. 숲이란 물을 머금은 커다란 나무들의 댐입니다. 지구 온도 상승으로 지구의 숲이 점점 건조해지고 있습니다. 게다가 대지에 비를 한껏 뿌려주던 계절풍들도 때를 잃고 제 길을 찾지 못하고 있구요. 숲에선 물이 점점 귀해졌고 나무들은 바짝 말라버렸습니다. 병충해로 죽은 나무 둥치에 갇혀있는 메탄가스에 번개가 들이치면 숲은 거대한 활화산이 됩니다. 그 숲에 깃들어 살아가는 수많은 생명과 사람들도 졸지에 기후 난민이 됩니다.

북유럽 신화에는 '위그드라실(Yggdrasill)'이라는 아홉 개의 세계를 잇는 큰 나무 이야기가 있습니다. 신성하고 거대한 물푸레나무인데, 가지는 하늘에 닿고 뿌리는 세 갈래로 갈라져 각각 천상과 거인계, 지하의 세 우물에 닿아있다고 합니다. 나무에는 용, 매, 수리, 사슴과 같은 신성한 생물들이 살아갑니다. 그런데 이 나무를 쓰러뜨리려고 용이 계속해서 나무를 갉아 먹고 있는데, 세 명의 여신이 나무에 생명수를 부어주고 있어 나무가 말라 죽지 않는다고 합니다. 우리나라의 단군 신화에서는 환인의 아들 환웅이 지상으로 처음 강림했던 신성한 나무를 '신단수'라고 합니다. 신단수는 박달나무였다고 하던데, 지금 그 박달나무에는 누가 물을 부어주고 있을까요?

나무는 신화들처럼 저 하늘 높이 뻗어 하늘의 뜻을 땅으로,

땅의 이야기를 하늘에 전하는, 땅과 하늘을 이어주는 존재입니다. 나무를 바라보는 일은 하늘과 땅을 함께 바라보는 일입니다. 나무는 대기의 탄소와 질소와 수분을 머금어 땅에 저장을 해주고, 동물들이 필요로 하는 산소를 만들어 돌려줍니다. 과학자들이 16, 17세기 무렵에 전 지구적으로 평균기온이 하락하는 소빙하기가 닥쳐서 기근과 전염병이 확대되었던 원인을 연구했습니다. 대형 화산 폭발과 함께 이 무렵 아메리카의 선주민들이 유럽에서 건너온 전염병으로 10분의 1로 줄어드는 바람에 아메리카의 숲 면적이 늘어나 대기 중에 이산화탄소의 비중이 급격히 줄어든 것도 중요한 원인으로 밝혀졌습니다. 나무는 하나님의 창조세계에서 중요한 역할을 하는 존재입니다.

  지금 우리 눈앞의 나무 한 그루가 사라지면 하늘의 뜻이 땅에 닿을 길이 사라집니다. 대신 나무가 늘어나면 땅에서 살아가는 우리 모두가 하늘의 뜻에 이르는 거룩한 존재가 될 수 있습니다. 하지만 이렇게 나무들이 불타버리는 세상, 하나님은 그저 힘없이 외롭고 쓸쓸할 뿐입니다.

# 귀속감

산수유나무 노란 꽃이 필 때, 우리는 당신을 만났습니다.
올 한 해, 당신께서는 우리에게 희망을 주셨습니다.
느티나무 그늘 짙었을 때, 우리는 당신을 만났습니다.
올 한 해, 당신께서는 우리를 푸른 풀밭으로 인도하셨습니다.
붉나무 붉은 물이 들었을 때, 우리는 당신을 만났습니다.
올 한 해, 당신께서는 우리를 물가에서 쉬게 하셨습니다.
하얀 눈 소복하게 쌓인 지금, 우리는 당신을 만납니다.
늘 그렇듯이 당신은 언제나 우리와 함께 계십니다.
아멘.

'귀속감'이라고 했습니다.

내가 어디인가에 속해있다고 느끼는 가장 편안하고 자연스러운 느낌. 억지로 무엇이 되려 하지 않아도 내 존재가 존재 그대로 존재하게 되는 순간. 이 귀속감이 영성의 본질이라고 하더군요. 지금 나는 어디에 속해있다고 느끼시나요?

다큐멘터리를 한 편 보았습니다. 몽골 초원에서 엄마 소가 오랜 산고 끝에 아기 소를 낳았습니다. 몽골 사람들은 일어설 기력조차 다 써버리고 지쳐 누워있는 엄마 소가 아기 소를 핥도록 도와주었습니다. 엄마 소가 아기 소를 핥아줘야 서로의 냄새를 익히게 되어 비로소 엄마와 아기로 서로를 알게 된다고 합니다. 겨울이면 영하 40도를 넘나드는 몽골의 초원에서 엄마가 없는 아기 소는 홀로 살아갈 수가 없습니다. 엄마 소는 아기 소가 자랄 때까지 젖을 주고, 먹을 수 있는 풀과 먹지 못하는 풀을 알려주고, 마실 수 있는 물이 흐르는 곳으로 이끌어 줍니다. 몽골 초원의 아기 소에게 엄마 소는 삶을 위한 모든 것을 품고 있는 집, 세계 그 자체입니다. 그러면 엄마 소에게 아기 소의 존재는 어떤 의미일까요? 바로 세계의 존재 이유겠지요.

우리가 하나님의 세계에 속해있음을 깨닫고 느끼는 경험이야말로 영성의 토대일 것입니다. 계절에 따라 피어난 꽃은 생식을 위한 식물 진화의 결과일 뿐이지만, 영성으로 충만한 이들은 이 꽃 속에서 온 세상이 서로의 아름다움에 공명하기 위해 존재함을 깨닫습니다. 우리가 살아가는 창조의 동산이 참 아름답고, 선하고, 참되다는 것을 느끼는 경험이야말로 지구별에서 우리를 우리답게 만듭니다. 겨울과 봄이 만나는 숲속 산수유나무의 노란 꽃을, 그 아련한 향기를 희미하게라도 기억하는 이들에게 숲은 하나님의 숨결이 머물러 있는 창조의 동산입니다. 그 신비의 경험이 없이 살아가는 사람들만이 거리낌 없이 땅을 파헤치고, 물을 더럽히며, 공기를 오염시키고, 숲에 불을 지를 수 있습니다.

하나님께 속해 있음을 경험하는 이들이 점점 사라져갑니다. 그만큼 하나님께서는 그리움에 잠 못 이루십니다. 사도 바울은 예수님을 처음과 나중, 모든 것의 모든 것이신, 하나님의 세계를 다시 바라보게 하신 분으로 여겼습니다. 그가 보여주신 것처럼 가장 낮은 곳을 바라보고, 가장 작은 목소리에 귀를 기울이며, 내 곁에 있는 모든 존재와, 심지어 원수라고 하는 이들조차도, 서로를 의지하며 살아가는 온생명의 삶은 우리를 창조세계의 온전함에 속하게 합니다.

새해 소망이 있다면 이런저런 혼란스러운 일들에 마음 쓰지 않고, 하루 한 번이라도 눈이 날리면 눈길을 걸으며, 바람이 불면 바람을 맞으며, 비가 내리면 비에 젖으며, 고운 볕이 쬐면 그 볕에 머물며 하나님의 세계에 속한 나를 순간이라도 깨닫는 것입니다. 나를 감싸는 그분의 부드러운 손길과 따스한 숨결을 항상 느끼는 것입니다.

# 문득 봄에

개굴개굴 꽥꽥. 우리의 잠을 깨워 주셔서 감사합니다.

이제 맑고 밝은 기운으로 당신과 함께 노래 부르겠습니다.

지지배배 짹짹. 우리를 불러주셔서 감사합니다.

이제 따뜻하고 평화로운 마음으로 당신과 걷겠습니다.

파릇파릇 쑥쑥. 우리를 일으켜 세우시니 감사합니다.

이제 힘차고 건강한 몸으로 당신의 일을 감당하겠습니다.

진정 당신은 우리를 그냥 내버려두시지 않는 분이십니다.

당신의 사랑과 생명은 참 아름답고, 참 기쁩니다.

아멘.

좀 고집스럽다 싶었습니다.

끝까지 물러서지 않았습니다. 한 마디 사과를 했으면 끝날 일인데 계절이 서너 번을 지나도록 질질 끌고 가야 했습니다. 나를 속이고 싶지 않았습니다. 긴 시간이 흘렀습니다. 이도 저도 아닌 채로 흐르는 시간에 마음 한구석에 굳은살이 자랐습니다. 한데 너무 어이없는 결말에 헛웃음만 나오고 맥이 쑥 빠집니다. 이런 삼류소설 같은 일도 실제로 일어날 수 있는 거구나. 인생에서 또 한 수를 배웁니다. 그렇게 또 한 계절이 흘러가고 있습니다.

꼭 만들어 보고 싶은 것이 있습니다. 좋은 책상입니다. 좋은 가구란 사용하는 사람에게 꼭 맞는 가구입니다. 아이들에게는 스프러스나 레드파인 같은 다양한 무늬와 옹이가 있는 무른 나무로 만든 가구를 추천했습니다. 부드러운 나무의 결과 옹이를 바라보면서 아이들이 이런저런 상상의 나래를 펴보라고요. 어른들한테는 오크나 애쉬 같은 단단하고 우아한 결을 가진 나무를 추천했지요. 대부분 견적 가격을 듣고 주문으로 이어지지는 않았지만, 기왕 만들어 볼 테면 대를 물려 쓸만한 멋진 가구를 만들어 보자 했더랬지요. 내가 만들고 싶은 책상이 그랬습니다. 오십이 되기도 전에 서둘러 찾아온 오십견으로 몸이 부실해져 다시 가구를 만들 수 있을지 모르겠습니다만, 언젠가 부드러운 서랍이 달린, 널찍하고 책상다운 책상 하나 만드는 꿈을 아주 포기하진 못했습니다. 나무 향이 은은히 배어 올라오는 책상에서 책 한 권을 재미있게 읽거나, 다시 연애편시를 써도 좋겠네요.

이제는 어지간히 살만한가 싶습니다. 그렇지요. 봄이 오면 산개구리가 울고, 쉴 새 없이 종알대는 꾀꼬리들이 돌아오고, 어쩔 수 없다는 듯 새싹도 돋아나지요. 한겨울 바람이 불 때는 꼭꼭 숨어있던 녀석들. 봄은 그들의 세상입니다. 우리가 지금에 머물 수밖에 없지만, 지금에만 갇힌다면 하나님을 믿는 이유가 무엇이겠습니까? 회심(metanoia)은 지금을 벗어나 새로운 꿈을 꾸는 일입니다. 우리가 그분의 형상대로 만들어졌다는 것은 우리도 지금을 벗어나 새로운 시공간을 만들 수 있다는 것이겠지요.

언젠가 좋은 책상도 꼭 만들 겁니다. 나무한테 미안하지 않게 그동안 나무를 많이 심어야겠지요. 또 이 땅의 신앙인들과 함께 창조세계의 온전함을 지킬 겁니다. 시간이 가면 보면 어느 날 문득 봄이란 공간에 이를 테지요. 오늘처럼 말입니다.

# 선한 일

사람들은 말합니다. 이 세상에 과연 평화가 있겠냐고.
하나 시련과 좌절이 나의 선한 일을 사라지게 할 수 없습니다.
사람들은 말합니다. 더 나은 세상이 무슨 소용이 있냐고.
하나 시기와 질투가 나의 선한 일을 사라지게 할 수 없습니다.
사람들은 말합니다. 이제 빛도 희망도 소용이 없다고.
하나 공포와 조급함이 나의 선한 일을 사라지게 할 수 없습니다.
주님께서 하신 일은 모든 것 그대로 사랑의 흔적으로 남았습니다.
그 어떤 것도 나의 선한 일을 사라지게 할 수 없습니다.
아멘.

동상이몽을 확인했습니다.

그동안 온실가스를 많이 배출한 나라가 책임을 져야 한다고, 적절한 보상을 해야 한다는 데 마음이 모였다 싶었습니다. 하지만 손실에 대한 보전 기금 조성은 유야무야 되고 말았습니다. 이번에도 나의 손에 쥔 것을 포기하지 못해 모두가 손해를 보는 길을 선택하고 말았습니다. 마치 누군가가 미리 만들어둔 공멸을 향해 달려가는 시나리오를 따라서 연출을 한 것처럼 말입니다.

지금 전 세계에서 사용하는 에너지의 절반 이상은 석탄으로 만드는 것입니다. 산업혁명 이후 300년 동안 사람들은 필요한 에너지의 대부분을 이 검은 탄화수소화합물 덩어리에서 얻어 왔습니다. 우리가 얼마나 어리석었는지 뒤늦게라도 후회를 한다면 지금 당장 '탈석탄'을 시작해야 합니다. 조금 더 춥게, 조금 더 덥게, 조금 더 느리게, 조금 더 적게, 참회하는 마음으로 살아가면서 새로운 에너지의 시대를 준비해야 합니다.

물론 쉽지는 않을 테지요. 그렇다고 시작도 하기 전에 포기는 안 됩니다. 꽁꽁 언 땅을 비집고 어린 새싹이 돋아나는 한, 긴 겨울을 지내고 가지 끝에 봄맞이를 준비하는 새순이 돋는 한, 사랑하는 연인이 서로의 숨소리에 귀를 기울이는 한, 이제 막 태어난 아기가 엄마 젖을 더듬는 한, 새벽 교회 종치기가 종을 울리는 한, 우리는 아직 함부로 희망을 저버려서는 안 됩니다.

아파트 베란다에, 건물 옥상에, 주차장에, 하나님께서 은총으로 베풀어 주시는 햇빛이 닿는 곳이라면 어디라도 햇빛발전

소를 설치하면 좋겠습니다. 각자의 자리에서 가능한 대로 기후행동에 함께하면 좋겠습니다. 일주일에 하루라도 육식보다 탄소배출이 적은 채식으로 기후밥상을 차리면 좋겠습니다. 사순절, 대림절, 창조절, 환경주일, 기후정의주일에는 하나님의 창조세계를 온전한 모습으로 지키는 사명을 다짐하며 예배를 드리고, 탄소 헌금을 모아 나무를 심으면 좋겠습니다.

 우리의 선한 일들이 어디로 사라지지 않을 겁니다. 고스란히 우리 삶의 평화로 남을 겁니다. 고운 햇볕 드는 툇마루에서 할머니가 토닥토닥 아기의 등을 어르는, 그 따사로운 평화로움이 남게 될 겁니다. 그보다 더 귀한 것이 있다 생각한다면 그대가 희망을 포기해도 뭐라 하지 않겠습니다.

# 부활

당신께서는 부활하시어 무덤을 찾은 여인에게 나타나셨습니다.
이 시간 우리에게도 오셔서 눈물을 닦아주시옵소서.
당신께서는 부활하시어 제자들 한 가운데에 나타나셨습니다.
이 시간 우리에게도 오셔서 두려움을 물리쳐 주시옵소서.
당신께서는 부활하시어 뭇 생명의 공동체에 나타나셨습니다.
이 시간 우리에게도 오셔서 생명을 북돋워 주시옵소서.
우리를 찾아오신 부활의 생명을 온 마음으로 맞이합시다.
우리가 당신의 오심을 기뻐하고 즐거워합니다.
아멘.

모처럼 여행을 가기로 했습니다.

　인터넷으로 숙소를 예약하고 소문난 맛집 몇 군데를 알아봤습니다. 예전엔 여행을 간다는 것이 얼마나 설레는 일이었는지. 밤잠을 설치기도 하고 밤늦게까지 온갖 쓸데없는 것들로 한가득 짐을 꾸리곤 했었습니다. 신기하게도 보는 것마다 멋있고, 만나는 사람마다 재미있고, 먹는 것마다 맛있었습니다. 그러고 보니 낯선 것에 두근두근 가슴이 뛰던 때가 있었습니다. 물론 지금도 가슴이 뛰긴 합니다. 기대와 호기심이 아니라 별점과는 전혀 딴판인 숙소와 맛집에 속았다는 분노 때문에요.

　살면서 가장 긴 여행을 몽골에서 보냈습니다. 여행이라기보다는 일이긴 했는데, 은총의 숲을 찾아오는 생태기행 팀들을 인솔하다 보니 얼추 두 달 정도를 몽골에서 지내게 되었습니다. 편안히 머무는 시간보다 길 위의 시간이 더 많으니 여행은 여행입니다. 몽골의 울퉁불퉁한 비포장길도 조금 적응이 되면 편안한 침대 못지않지만, 여행이 길어질수록 집이 최고라는 생각만 분명해집니다.

　그분은 분명 젊은이였습니다. 그 긴 여행 중에 지쳤다는 이야기가 없습니다. 두 벌 옷, 여벌 신발 같은 것이 쓸데없다는 것을 알 정도로 여행을 잘 아는 분이었습니다. 그분에게 여행은, 길에서 사람들을 만나는 일이었습니다. 길에서 만나는 사람들도 여행자들이었습니다. 권력의 무자비한 지배에 의해, 사회의 차별에 의해, 종교의 정죄에 의해 상처 입고 병든 몸과 마음을 부둥켜안고 정처 없이 떠도는 여행자가 되어야 했던 사람들이었습니다. 그들의 상처를 어루만져주고, 눈물을 닦아주고, 떡과 물고기를 나누어 먹고, 하나님의 뜻을 전하던 그분의 여행은 끝날 것 같지가 않았습니다. 만나는 사람들 모두가 상처와 슬픔, 허기와 빈 마음을 가지고 있었으니까요.

그 젊은 여행자의 여행이 마무리된 것은 그가 더욱 아프고, 더욱 슬프고, 더욱 배고프고, 더욱 공허한 이들을 찾아 나섰기 때문입니다. 예루살렘 성전, 로마 총독의 재판정, 그곳에서 갈릴리의 옹골찬 젊은이는 삶다움이라고는 하나도 없이 죽음처럼 사는 사람들을 만납니다. 어쩌면 그분은 자신의 삶을 오롯이 내어놓으면 그들의 깊고 어두운 빈 자리를 조금은 메울 수 있으리라 생각했었나 봅니다. 젊음은 생명의 역동이 충만한 시간, 그래서 빈틈없이 여물진 젊음의 진동이 맞닿은 자리에는 새로운 기운이 스며듭니다. 얼음같이 차갑던 공간에 스르륵 온기가 스며들고, 검센 어둠의 시간에도 살며시 빛이 퍼집니다.

감히 죽음에 맞서고, 끝내 죽음을 훌쩍 뛰어넘습니다. 젊은이는 그리 살아야 합니다. 그들 덕에 우리는 여전히 오늘도 다시 살아난 생명을 느끼게 됩니다. 그러니 두렵고 떨려도 멀고 긴 여행을 꿈꾸는 젊은이로 살아갑시다. 남들이 매긴 별점 너무 믿지 말고 당신의 손과 발로 멋진 세상을 만들기를.

# 지쳐버린 어머니

작은 씨앗은 뿌리를 내려 작은 싹을 틔웁니다.
하나님, 우리 안에도 믿음이 있게 하여 주시옵소서.
여린 가지들은 움을 내어 여린 꽃을 피웁니다.
하나님, 우리 안에도 소망이 있게 하여 주시옵소서.
고운 꽃들은 자리를 비워 고운 열매를 맺습니다.
하나님, 우리 안에도 사랑이 있게 하여 주시옵소서.
이제 열매들은 다시 씨앗이 될 때를 기다립니다.
하나님, 우리도 충만한 생명이 되게 하시옵소서.
아멘.

검은등뻐꾸기가 친구들과 인사를 나눌 즈음이었습니다.

오랜 시간 쉼 없이 자신의 길을 걸어오신 반가운 선배님을 만나 뵈었습니다. 좀 지쳐보였습니다. 짙은 시선은 자주 먼 산에 머무셨고, 따뜻한 목소리도 조금씩 떨리셨습니다. 그럴 만도 하지요. 아무도 알아주지 않는 길을 외롭게 걸어오셨습니다. 사람들이 그의 길을 따라 걷다 그의 앞선 발자취를 알게 되면서부터는 그에게 막무가내로 짐을 맡기기 시작했습니다. 힘겨운 길을 따라와 그를 만난 이들의 부탁을 모질게 거절하지 못한 그는, 결국 능놀지 못한 마음 탓에 지칠 대로 지쳐버렸습니다. 아직 여린 가지들은 얕은 바람에도 흔들리는 계절, 하지만 긴 세월 뿌리내린 큰 나무도 이리 흔들리고 있을 줄은 몰랐습니다. 그날 뒤로 지금까지도 마음 한 켠이 참 아립니다.

어머니 땅도 아플 수밖에 없지 않겠습니까? 그렇게 어머니의 몸을 덮은 나무를 베어내 맨살이 드러나게 하고, 몸속 깊은 곳에서 석유, 석탄, 가스를 파내었는데요. 다른 이도 아니고 어머니가 열이 올라 앓아누운 지 오래인데도 어머니의 병을 돌볼 생각은 일도 없이, 어머니 휘어진 등골에서 또 뭘 뽑아먹나 궁리합니다. 어머니가 아프면 결국 식구 모두가 아픕니다. 지금 우리가 항상 그리 불안하고 두려운 것은 우리의 어머니가 아프기 때문입니다. 건강하던 어머니는 우리에게 맑은 물을, 보드라운 흙을 베풀어 주셨습니다. 아버지의 온기와 숨결이 닿는 곳마다 어머니 땅은 풍성한 생명을 잉태했었습니다. 하지만 지금은 어머니 지구의 낮은 신음 소리에 모두가 어쩔 줄 몰라 숨을 죽일 뿐입니다.

　시간은 좀 걸릴 테지만 언제 그랬냐는 듯이 지구 어머니는 다시 건강을 회복하실 겁니다. 철부지 자식들 말썽에 좀 속이 상하셨을 테지만, 어머니의 자식들 가운데는 어머니의 사랑을 기억하고 어머니의 건강이 회복되기를 두 손 모아 기도하고 있는 아이들이 훨씬 더 많으니까요. 어머니 지구는 분명 다시 힘을 내실 겁니다.

　아마 꾀꼬리가 날 때면 선배님께서도 마음 추스르시고 가시던 길 더 단단한 걸음으로 가시던 길 걷고 계실 테지요. 혹 산딸나무꽃이 필 때까지도, 어쩌면 산딸나무꽃 진 자리에 열매가 맺힐 때까지도, 그냥 머물러 있으셔도 상관없습니다. 흔들림도 오롯이 당신의 모습, 아마 그런 흔들림이 없었더라면 그는 그가 아닙니다. 선배님은 흔들리셔서 더욱 선배님다웠습니다. 덕분에 또 한 가지를 배웁니다.

# 고요히 평화

저 언덕 너머에는 무엇이 있을까요?

봄 햇살 가득 받은 나무들의 환한 봄꽃이 피어있기를.

저 호수 건너에는 무엇이 있을까요?

봄바람을 타고 날아온 새들의 따뜻한 둥지가 있기를.

저 들판 아래에는 무엇이 있을까요?

봄비 한 모금에 나직이 움트는 풀씨들이 가득하기를.

그대의 마음 깊이에는 무엇이 있을까요?

오직 하늘로부터 채워진 평화와 사랑만이 가득하기를.

아멘.

어쩔 수 없는 전쟁이라니.

전쟁의 모습도 이유도 너무 참혹합니다. 차라니 나를 멀리하는 네가 미워서 그랬다면 마음을 돌이킬 길을 찾을 수도 있을 텐데. 본디 인간이란 어쩔 수 없이 서로를 죽이는, 피투성이 깊은 상처가 없이는 한 순간도 견디지 못하는, 가납사니 같은 존재인 걸까요? 어처구니없이 사람 목숨이 동백꽃 마냥 투욱 투두둑 떨어지는데, 그게 대수냐는 듯 기름값이, 밀가루값이 오른다며 모집질을 하는 이들한테는 오만정이 떨어집니다. 이제 우리에는 부끄러움을 말하는 것조차 큰 용기를 내야 하는 일이 되어버렸습니다.

기후위기 대응에 마음들을 모아가는 걸 보니 그래도 실낱같이 가느다란 구원의 희망이 있는 줄 알았습니다. 주머니 좀 채우겠다고 전쟁을 부추기고, 말도 되지 않는 이유로 전쟁을 일으키는데 무슨 빌어먹을 희망입니까? 지금 이 순간 우리에게는 절망뿐입니다. 예수님이 구름 타고 다시 오시면 러시아 교회와 우크라이나 교회가 한 자리에서 평화롭게 주님을 맞이할 수 있을까요?

모두가 힘을 모아 전쟁을 멈춰야 합니다. 다들 알지 않습니까? 방탄복과 방탄 모자가 생명을 살리지 못합니다. 총과 무기를 더 많이 보낸다고 전쟁은 결코 끝나지 않을 겁니다. 누가 옳다 그르다 편들어봤자 또 다른 한 편에 미움을 키울 뿐입니다. 차라리 탱크에 짓눌려 버린 검은 흙에 푸른 싹을 틔울 씨앗 한 줌을, 포단에 검게 불타버린 나무를 대신해 숲을 일굴 어린 묘목들을 보내는 게 나을 겁니다.

결국 인간들은 무기를 손에 들고 어쩔 줄 몰라 하는 어린아이일 뿐입니다. 이러다 핵전쟁이 일어난다고 한들 놀랄 일도 아닙니다. 어른이 되기도 전에, 너무 일찍 감당하지 못할 커다란 힘에 먹혀버린 불쌍한 아이를 누군가는 붙들어 주어야 합니다. 이럴 때 정말 필요한 것이 어른의 목소리입니다. 그만하고 밥 먹어라. 어른들은 아이들이 더 먼 곳으로 가버리기 전에 불러주어야 합니다. 술래가 가버린 줄도 모르고 꼭꼭 숨어버린 아이들이 돌아올 때까지, 후회하는 마음으로 눈물을 닦고 돌아올 때까지 어른들은 아이들이 이름을 계속 불러주어야 합니다.

평화의 말뜻은 사람들이 모여서 함께 밥을 먹는 일입니다. 피투성이 상처 입은 이들을 불러 모아 씻기고 다독여서 한 밥상에서 밥을 먹이는 일이야말로 평화겠지요. 평화는 제단이 아니라 밥상에서 씨앗이 뿌려집니다. 머지않아 그렇게 고요히 꽃을 피울 평화를 기도합니다.

## 미안해 꿀벌

당신은 오늘 아름다움을 이야기하십니다.
단풍나무 잎사귀 한 장 한 장 곱게 물이 듭니다.
당신은 오늘 선함을 이야기하십니다.
들판의 여문 벼 이삭들은 점점 더 고개를 숙입니다.
당신은 오늘 진실됨을 이야기하십니다.
길모퉁이 개망초꽃은 바람에 자기를 고스란히 맡깁니다.
당신은 항상 우리를 찾아와 이야기하십니다.
나의 참된 삶은 결국 당신의 이야기일 뿐입니다.
아멘.

꿀벌들이 사라져 버렸습니다.

이른바 '꿀벌 실종사건'. 전국의 양봉농가에서 사라진 꿀벌은 모두 390,517군, 보통 2만여 마리가 하나의 군집을 이루어 생활한다 하니, 대략 78억 마리 이상의 꿀벌이 갑자기 사라져 버린 것입니다. 양봉농가만이 아니라 과수농가에서 난리가 났습니다. 실종된 꿀벌 대신 사람들이 일일이 과일나무 꽃마다 손으로 수분을 해야 할 판이 되었으니까요.

2, 3월에 이른 봄이 시작되어 높은 기온이 계속되다가 4, 5월에 갑자기 기온이 낮아지고 비가 자주 내리는 이상기상 현상이 발생했습니다. 때문에 꿀벌의 가장 중요한 먹이인 아카시아 꽃이 냉해를 입어 꿀벌들의 먹이가 줄어들어 꿀벌들의 건강이 나빠지게 되었습니다. 뿐만 아니라, 여름에 계속된 폭염과 긴 집중호우는 벌통 안을 34~35도, 60%의 습도로 유지해야 하는 꿀벌들이 환기를 위해 무리한 날갯짓을 하다가 지쳐버렸습니다. 게다가 겨울의 초입 11월 중순까지 이상고온 현상이 계속되어 벌통 밖으로 나와 일을 하던 꿀벌들이 갑자기 기온이 떨어져 다시 벌통으로 돌아오지 못하게 되었습니다.

또한 이러한 날씨는 꿀벌의 군집에 기생하여 살아가는 꿀벌응애, 가시응애 등의 기생충들을 퍼지게 했습니다. 게다가 날이 갈수록 확산되는 소나무 재선충을 잡겠다고 산마다 들마다 엄청나게 뿌려댄 살충제로 애먼 꿀벌 애벌레들까지 피해를 입게 되었습니다. 꿀벌 실종사건의 범인은 결국 기후변화, 기후변화를 일으킨 우리들이었습니다. 가을 길, 바람에 흔들리는 쑥부쟁이꽃 언저리에서 지친 꿀벌을 만나거든 조용히 머리를 숙여 미안하다 추워지기 전에 조심해서 집으로 돌아가렴 이야기 해주어야겠습니다.

　서양 교회에서 기도를 할 때 밀랍초에 불을 켜는 이유를 아시나요? 예수님께서 이야기하신 등불에 넣을 기름을 준비한 여성들의 비유 기억하시지요? 꿀벌들의 성별은 모두 여성, 한 여왕벌의 알에서 태어난 자매들인데, 마침 초를 만드는 밀랍이 꿀벌들이 만든 것이라 기름을 준비한 여성을 상징하는 의미로 밀랍초를 사용한답니다. 꿀벌들은 그런 얼토당토않은 이유로 애써 만든 밀랍을 빼앗긴다니 좀 어이가 없을 텐데, 교회도 이제 그동안 꿀벌들한테 미안한 만큼 꿀벌들을 위한 일들을 해야 하지 않을까요? 꿀벌들이 좋아하는 맛있는 꿀이 가득한 꽃이 피는 풀과 나무를 많이 심어주세요.

## 참 좋구나

빛과 어둠이, 물과 뭍이, 해와 달과 별이 만들어졌습니다.
당신께서는 "참 좋구나!" 하시며 활짝 웃으셨다지요.
푸른 움이 돋아 풀이, 열매가 달리는 나무가 자라났습니다.
당신께서는 "참 좋구나!" 하시며 손뼉을 치셨다지요.
물에는 물고기가, 들과 숲에는 새와 짐승들이 뛰놀았습니다.
당신께서는 "참 좋구나!" 하시며 함께 뛰노셨다지요.
이제 우리가 당신의 푸른 동산에서 함께 살아갑니다.
당신께서는 "정말 좋구나!" 하시며 우리를 안아주십니다.
아멘.

## 가을과 함께 '창조절'을 맞습니다.

창조절(Season of Creation)은 전 세계의 그리스도인들이 우리 모두의 '공동의 집'인 창조세계를 돌보아야 한다는 소명을 공유하며, 창조세계를 위해 기도하고 돌보는 일에 초대받는 시간입니다. 세계 교회는 매년 9월 1일부터 10월 4일까지를 창조절로 지키고 있습니다. 1989년에 동방정교회 총대주교 디미트리오스 1세가 9월 1일을 동방정교회의 '창조세계를 위한 기도일'로 선포했고, 2001년에는 유럽의 개혁교회를 비롯한 여러 교회들이, 2015년에는 로마 가톨릭교회 프란치스코 교황이 이 기도일에 함께 마음을 모았습니다. 이후 많은 교회에서 9월 1일에서 '피조물의 찬가'(Canticle of the Creatures)의 저자이자 동물들의 성인인 성 프란치스코의 수호일인 10월 4일까지를 창조절로 지키게 되었습니다.

기독교환경운동연대에서는 9월 첫째 주일부터 대림절 전까지의 성령강림 후 주간의 12주간을 창조절로 지키는 한국기독교장로회의 교회력을 한국교회에 알려왔습니다. 아울러 한국기독교교회협의회는 2021년부터 창조절 기간 '세계 기후행동의 날'인 9월 24일의 직전 주일을 한국교회가 '기후정의주일'로 지킬 것을 결의하였습니다. 모쪼록 창조절 기간 동안 한국교회가 기후위기로 고통받고 있는 이웃들, 창조세계의 신음하는 생명들을 생각하고 기도하며 행동하는 절기로 자리잡게 되기를 바랍니다.

성 어거스틴은 "창조세계는 당신이 귀 기울여야 할 거룩한 이야기이고, 당신이 관찰해야 하는 우주의 책이다"라고 이야기했고, 마틴 루터는 "하나님은 복음을 책에 기록하셨을 뿐 아니라 나무와 다른 피조물에도 기록하셨다"고 말했다고 합니다. 창조절을 안내하는 자료집에는 "창조절 동안 우리는 기후변화로 삶의 터전을 잃은 사람들, 공동체, 생물종, 생태계들의 잃어버린 목소리를 예배의 중심에 모심으로써 모든 피조물들의 공동의 집을 돌보는 소명에 동참하게 된다"고 이야기합니다.

이제 우리가 작은 것을 바라보고, 사라져가는 소리에 귀 기울이지 않는다면 앞으로의 모든 순간은 멸망일 뿐, 영원히 구원의 길은 찾을 수 없을 것입니다. 기실 아이들은 먼저 작은 소리에 귀를 기울이고 작은 것들을 바라봅니다. 그래서 어린아이와 같지 않으면 하늘나라에서 살아갈 수 없는 것이지요. 창조절 기간동안 예배에서 교회의 어린이들이 창조세계에 대해 어떤 생각을 갖고 있는지 이야기를 들어보는 시간을 가져보면 어떨까요? 어린이들이 앞으로 살아가고 싶은 창조세계의 모습은 어떤 모습인지, 또 그들이 앞으로 창조세계와 나누고 싶은 이야기는 어떤 이야기인지 궁금하지 않으신가요?

# 전환

당신으로 인해 나는 보았습니다.
갇혀 썩어버린 강과 검게 불타버린 숲은 사라져 버렸습니다.
당신으로 인해 나는 들었습니다.
하늘과 땅의 깊은 탄식과 새들의 애처로운 울음은 잦아들었습니다.
이제 당신께서는 나에게 보여주십니다.
다시 강은 힘차게 굽이치고 나무들은 풍성한 열매를 맺습니다.
이제 당신께서는 나에게 들려주십니다.
밝은 빛을 품은 사람들은 환한 얼굴로 사랑의 노래를 부릅니다.
아멘.

다들 같은 경험을 하는 것 같습니다.

기후위기 생각을 하다보면 거대한 벽에 가로막혀서 도통 어쩔 수 없을 것 같은 무기력, 막막함을 경험합니다. 이게 뭐 내가 종이컵 안 쓰고 플라스틱 재활용 열심히 한다고 해결되는 것이 아니라, 결국 우리 사회 경제 시스템 전체와 사람들의 인식을 다 근본부터 뒤집어야 하는 문제니까 말이죠. 그래서 '기후 우울', '생태 슬픔'이라는 용어가 생겼습니다.

인류의 역사에 이렇게 근본적인 전환이 한 번이라도 있었을까? 흔하지는 않아도 없지는 않았습니다. 성서의 출애굽기 이집트 탈출 사건만 해도 그렇지요. 이집트의 지배적 문명 가운데 꼼짝없이 고통을 받던 히브리 사람들이 우여곡절 끝에 가나안 땅에 자리를 잡게 되었다는 이야기가 바로 출애굽 사건입니다. 출애굽 사건은 이집트 제국에서 무자비한 지배와 끝없는 탐욕을 경험한 사람들이 다시 하나님의 창조세계 가운데에서 인간 본연의 자리에 서기 위해 하나님과 새로운 언약을 맺은 생태적 회심, 생태적 전환의 이야기입니다.

이 생태적 전환의 사건이 하루아침에 이루어진 것은 아니었습니다. 히브리 사람들은 가나안 땅으로 들어가기 전에 광야에서 40년을 떠돌면서 문명의 전환기를 보내야 했습니다. 히브리 사람들은 광야에서 가나안 땅에 들어가기까지 매일매일 만나를 먹었습니다. 하늘에서 내린 만나는 하루를 넘겨 저장할 수가 없었죠. 사람들은 그날 먹을 것만 그날 거두어 먹을 수 있었습니다. 히브리 사람들은 40년 동안 탐욕으로 이루어진 이집트 문명의 배부름이 아니라, 창조세계에 가득한 하나님의 은총에 감사하며 살아가는 소박한 삶에 조금씩 스며들었던 것이죠.

그러한 삶을 확정 짓기 위한 제도가 바로 율법이었습니다. 히브리 사람들은 공동체의 정의와 평화를 세우기 위한 율법을 바탕으로, 인간과 창조세계와의 관계를 본래의 모습으로 회복해 나갔습니다. 나아가 히브리 사람들은 그들이 머무는 땅과 그 땅에서 함께 살아가는 모든 생명들과 상호의존적인 생명의 공동체를 이루어야 한다는 것을 문명의 전환기 40년 광야 생활 동안 차곡차곡 몸과 마음으로 경험했습니다.

출애굽 사건과 같은 문명의 전환은 현대 사회에서는 결코 일어날 수 없는 일일까요? 공멸의 막다른 골목에 이른 지금이야말로 공생의 길을 향한 전환의 시간입니다. 그 전환이란 게 우리의 조급함보다는 훨씬 거대한 것이라 우리가 미처 깨닫지 못할 뿐입니다. 마주한 벽이 높고 두터워 보여도 여름 볕 잠시면 담쟁이 넝쿨에게는 큰 문제가 되지 않습니다. 그리고 높이 자란 담쟁이 넝쿨도 벌레들 등살이면 한나절에 숨이 죽고 맙니다. 하늘이 하시는 일에 투덜거려봐야 별 소용 없습니다.

사실 우리는 이러한 대전환을 순간순간 경험하고 있습니다. 긴 겨울을 지내며 꽁꽁 얼어붙었던 들과 산이 따사로운 햇살을 받아 푸르른 생명의 동산이 되고, 별빛만이 떠돌던 깜깜한 밤이 푸르고 환한 낮이 되고, 제대로 걷지도 못하던 아기가 어느새 엄마 아빠의 품을 떠나 자기의 길을 걸어가고. 우리는 그야말로 날마다 전환을, 개벽을, 기적을 경험하면서 살고 있지 않습니까? 문명의 전환, 생태적 전환, 말만 거창하지 뭐 그리 큰 일이려구요.

그대가 만일
낮고 작은 패랭이꽃이라면
- 숲에서 드리는 기도

| | |
|---|---|
| 글쓴이 | 이진형 |
| 발행일 | 2025년 6월 1일 처음 펴냄 |
| 펴낸이 | 홍인식 |
| 펴낸곳 | 도서출판 엘까미노 |
| 주 소 | 경기도 시흥시 정왕신길로139번길 |
| 전 화 | 010.7383.7124 |
| 이메일 | iych9539@gmail.com |

© 이진형, 2025
ISBN 979-11-990743-4-7 (03230)

*잘못된 책은 바꾸어 드립니다.
*책값은 뒤표지에 있습니다.
*이 책은 환경보호를 위해 재생 용지를 사용하여 제작했습니다.
*이 책은 저작권법에 따라 보호받는 저작물이므로 무단 전재와 무단 복제를 금합니다.